愛《いと》しのレスリー

「ベイ・シティ・ローラーズ」日本人妻の愛と葛藤の42年

ケイコ・マッコーエン
Keiko McKeown

小学館

愛《いと》しのレスリー

「ベイ・シティ・ローラーズ」
日本人妻の愛と葛藤の42年

ケイコ・マッコーエン
Keiko McKeown

小学館

目次

序章　死を覚悟していた最後の日々……9

レスリーの顔を見た最後の時に……10
特別に注文したマイクロフォン　21
レスリーの罪の意識　28
私たちの結婚記念日に　32

〈解説コラム〉
ベイ・シティ・ローラーズ（Bay City Rollers）とは　36

Bay
City
Rollers

第1章　二人の出会いから結婚まで ……… 41

「私たちは遊びだよね」 42
家の中ではいつも全裸 52
プレゼントされた指輪の意味 58
別れたのに毎日かかってくる国際電話 61
バセット・ロードの私の部屋に 70
日本武道館のBCR同窓会コンサートに同行 74
レスリー、大阪の下町にフォーリン・ラブ 75
「俺たち、今日結婚するよ！」 85
坊主頭で仏前結婚式 89

第2章 大阪・西成で生きる力を育んだ 97

小学校をサボって遊び回っていた子ども時代 98
麦わら帽子とウサギのおばちゃん 102
親の背中を見て学んだこと 105
裸足で踊るゴーゴーガール 116
ロンドンで会員制クラブを運営 118

Bay
City
Rollers

第3章　新婚生活と異変の始まり

第3章　新婚生活と異変の始まり……121
スコットランドでレスリーの両親と新婚生活　122
BCRの元マネージャーとの話し合い　133
ジュウベイ、誕生　137
「お金も命もなくなってしまうかも」　140
ドリルとスコップで地下室を掘る　144
BCRのヒット曲は歌いたくない　147
カンフーとレスリーのやきもち　152
同じ日に亡くなった日本の両親のために　156

第4章　お酒と女と傷心の日々……167

夫の浮気のカモフラージュ　168
「離婚するふりをしてくれ」　177
このままでは自分が死んでしまう　181
お酒で人が変わったように　189
「どうしてお父さんと別れないんだ!」　197
この苦しみから解放してほしい　201

Bay
City
Rollers

第5章　レスリーの衝撃の告白……205

テレビ番組でバイセクシャルを告白　206
ジュウベイの反発　210
来日公演、再び　215
自分が楽しいことを始めよう　218
レスリーが好きだった食べものと得意料理　222
妻として、母として、親友として　224
刀と鞘　232

終章　遺された私とジュウベイのために……237
何かあったらお父さんが守ってくれる　238
自分が死んだ時の準備をしていた　242
大事なのは、最後まで私たちと一緒だったということ　244
おわりに　250

序章

死を覚悟していた最後の日々

「シックで素敵だから壁に飾りたい」とレスリーが言っていた一枚

レスリーの顔を見た最後の時に……

2021年4月20日。朝6時に起きた私は、二階にある寝室に紅茶を持って行って、「朝ごはん、食べよ」と、夫のレスリーに声をかけた。

「何が食べたい？　これからポリッジ（オートミール）作るけど、食べる？」

お茶のカップをベッドサイドのテーブルに置きながら訊《き》くと、「うん……」という返事。

その時の彼の声がなんとなく細いような、弱いような、何か違和感があって、ちょっと気になっていた。まだ寝ぼけているのかな、と思ったものの、ポリッジを食べながら、いつものように「ぺこ、テニスは何時に行くの？」と訊いてくれる。

レスリーは、昔から私のことを名前の「啓子《けいこ》」ではなく、愛称の「ぺこ」と呼んでいた。

「9時30分」と答えると、「わかった。出る時に声をかけてくれ。自転車出してあげるから」と微笑《ほほえ》んだ。

私の電動自転車が重いので、出かける時にはいつも、玄関前の階段を彼がおろしてくれるのだ。

レスリーは、家にいる時はいつも服を着ず、裸でいる人なので、私の自転車を出すためにわざわざ起きて服を着てもらうのは、なんだか申し訳なかった。それに疲れているように見えたので、「寝てていいよ。服、着るの面倒でしょ」と、ベッドに戻そうとした。

だけど、「大丈夫」と言って、私が着替えたのを見ると、自分も服を着て一階に降りてきた。電動自転車を抱えて階段を降りて外に出して、音楽を聴きながら乗れるように、スピーカーも取り付けてくれて、私が出てくるまでずっと外で待っていてくれた。

そして、「気をつけて」と、ぎゅうっとハグして、キスしてくれて、いつまでも見送りながら手を振るレスリーに、私は何度も振り返ってバイバイした……。

「なんだろう。今日はいつもよりすごくやさしいな」と感じていた。

テニス教室での練習が終わり、自転車で帰ってきたのが11時30分頃だったと思う。玄関のドアを開けようとすると、コツンという音がして、それ以上開かない。隙間から中を覗《のぞ》くと、レスリーが仰向《あおむ》けに倒れている。

一瞬、「ああ、またか！」という考えが浮かんだ。

彼は、これまでにも何度も、トイレや庭や、玄関先でも倒れこんでいたことがあって、また酔いつぶれて寝ちゃったのかと思ったのだ。

だけど……顔色が違う！　血の気がない！

「ジュウベイ！　ジュウベイ！　お父さんがー!!」と、息子のジュウベイを大声で呼んだ。「来てー！　ジュウベイ！　ダッド！　ダッド！」と言って、玄関ドアの外で叫んでいたから、近所の人たちも見ていたと思う。

二階の窓から顔を出したジュウベイに、「早く降りてきて！　お父さんが玄関で倒れてる！」。

急いで降りてきたジュウベイが、レスリーの身体《からだ》をずらして玄関ドアを開けてくれた。

「レスリー！」「ダッド！」と二人で呼んでも、返事がない。息をしていない。すぐに救急車を呼ぼうとしたけど、スマホが見当たらない。開けっ放しだった玄関ドアから、向かいの家に用事で訪ねてきた人が見えたので、「９９９（イギリスにおける警察や救急の緊急通報番号）に電話をしてください！　夫が息をしてないの！」と大声で頼んだ。

救急車が来るまでの間、「ワン、ツー、スリー、フォー、プッシュ！」と、レスリーの胸を押し、鼻をつまんで息を吹きこんで、ジュウベイと私とで人工呼吸をし続けた。

「まだか、まだか」と待ち続けて、約20分後、ようやく救急車が家の前に到着した。だけど、救急隊員たちはなかなかこちらに来てくれない。いろんな機材を用意して、コロナ対策の防護服を着て、すごい格好になってからやっと、人工呼吸を代わってくれた。

息はしてないけど、彼はまだ生きていると思っていた。胸を押しているうちに、喉の奥に溜《た》まっていたものがごろごろ流れる音がしていたし、顔色が少し戻ってきたような気がしたし、レスリーの身体は、まだ温かかった。

まだ生きてる。動いてる！　彼は死んでない!!

そう思いたかった。

「聞こえる？　起きて！　レスリー！　逝かないで！　戻ってきて！」って叫んで、起こそうとしたのだけど……。

救急隊員たちに人工呼吸を代わってから1時間後——。

「このあと生き返ったとしても、脳に障害が残って、彼はもう元の旦那さんではない」と告げられた。

「待って、お願い、やめないで！　彼を逝かせたくないの！」と頼んでも、「ごめんなさい」と、隊員たちはみなやめようとする。

ジュウベイと私は諦められずに、胸を押したり、「レスリー、逝かないで！戻ってきて！」と叫んだり……。ジュウベイは父親の手を握って、「まだぬくもりがある」って、ずっとレスリーを呼び続けていたけど、呼んでも呼んでも返事がなくて、だめだった。


泣き続ける私たちのところに、救急隊員の連絡でロンドン市警の警官たちが来て、レスリーの遺体を確認することになった。

自宅で亡くなった場合は、殺人の可能性がないかを調査される。

警察がレスリーの身体を裸にして調べている間、ドアを閉められ、私と息子は隣の部屋で事情聴取を受けた。

ジュウベイは「三階の自室でヘッドホンをしてパソコンの画面を見ていたから何も聞こえなかった」と説明し、私は「テニスに行って帰ってきたら、倒れていた」と。

事情聴取が終わって、外傷や痣《あざ》などがないことから事件性はないとなったけど、「検査機関でより詳しい死因を調べるために、彼の遺体を持って行く」と言われた。レスリーが常用している薬や、パスポート、運転免許証と一緒に。

遺体を搬送する前に、最後に家族でお別れをと、私とジュウベイとレスリー、三人だけの時間をもらった。レスリーの顔に触れて、手を握って、「アイラブユー……。逝かないで、起きてレスリー、目を開けて」と諦めきれずにいた。

やがて警官から「もうそろそろお時間いいですか」と声をかけられ、ジュウベイは「お母さん、もうやめよう。お父さんは死んでるんだ」と泣きながら、私の手を押さえて止めた。

私は、彼の髪の毛を少し切って持っておくことにした。なんだか胸騒ぎがして、もう会えないんじゃないかと思って。

そして、本当に、それが彼の顔を見る最後になってしまった。

レスリーは、たぶん死ぬことを予感していたのだ。

こんなに早くとは思っていなかったけど、準備をしていたのだと思う。

彼は、お酒の飲み過ぎから肝臓が悪くなり、糖尿病の持病もあって、「このままでは命が危ない」と言われたことが何度もあった。4年ほど前にも、かかりつけのドクターから、「お酒をやめないとあまり長くはもたない」と忠告されていた。

その時は、「俺、もう長くはないんだ」とか、「もうすぐ死ぬんだ」と言うので、すごく心配で、お酒を隠したり、瓶の中身を捨てたり、水で薄めたり、買いに行こうとするのを邪魔したりした。

彼が飲もうとするのをなんとか止めようとしていたのだけど、そのうちに「ドクターに良くなってるって言われたから大丈夫」と言い訳をするようになった。私が心配して泣いたり、お酒をやめるように頼んだり、飲まさないようにしようとするのが嫌で、本当のことを言わなくなったのだと思う。

一度、彼のかかりつけのドクターに話を訊こうとしたけど、「たとえ家族でも、本人の同意がないと、どんな状態か診察の結果を教えられない」と断わられた。

レスリーは、もしかしたら「あと数年、もっと短ければ、あと数か月くらいしか生きられない」と告げられていたのではないだろうか。

今思えば、レスリーは亡くなる少し前から、「愛しているよ。俺のことを覚えていてくれ」と言う頻度が多くなっていたから……。

3日後、死因はまだわからないと警察から連絡があった。より詳しく調べる

涙は止まらないが、お茶目なレスリーを思い出に、最後は笑顔で送り出した

亡くなる5日前、ジュウベイの
誕生日プレゼントを持って公園へ

天国に導かれるように、棺は白で
（右端が息子ジュウベイ）

ために血液などを採って検査に送ると説明されたけど、コロナ禍のため検査が混んでいて時間がかかり、結果は9月頃まで待たねばならないとのこと。

葬儀をするための証明書を出してもらい、遺体を戻してもらえることになって、亡くなってから1か月以上が経《た》った5月23日に、ようやくお葬式ができることになった。

遺体を預かって検査する機関の人からは、「死後、かなり時間が経っているので、変わり果てた姿は見ないほうがいい。最後のきれいな姿のまま覚えてあげるほうがいい」と勧められた。

また、「顔を見るために、姿をできるだけ元に戻すには、身体の血を全部抜いてケミカルなものを入れて、化学的な処置をしなければならない。そうすると身体の成分が変わってしまい、元の彼ではなくなる」とも言われたので、ケミカルな処置をお願いするのは、やめることにした。

レスリーは死ぬ前に、「俺が死んだら燃やして灰にして、灰になった自分を抱きしめてほしい」と言っていたから、その灰がケミカルなものに変わるよりは、純粋にレスリーのままがいいと思ったし、彼もそう望んでいたと思う。

私とジュウベイが覚えている最期の彼は、安らかに、ピースフルに、眠るような顔をしていた。彼は苦しまなかっただろうと思えることが、せめてもの救いだった。

特別に注文したマイクロフォン

2021年5月23日。お葬式の日は、マロニエの白い花が満開になっていた。私たちが住んでいるのは、ロンドン市内のハックニー地区にある三階建ての一軒家。玄関前の庭には、もみじと竹が植えられて、周囲には公園や商店街、アウトレットなどもある住宅街だ。

1988年にレスリーとこの家を買った当初は、また引っ越すつもりで、古い箇所も修理をしないできたのだけど、もう30年以上、ずっとここに暮らし続けている。

ロンドン・ウォンステッド地区の葬儀会場に行く前に家に立ち寄ってほしいとお願いして、レスリーは棺《ひつぎ》に入れられ、霊柩車《れいきゅうしゃ》に乗って自宅に戻ってきた。「レスリー、おかえり。これからお葬式だね、またあとで戻ろうね」と声をかけ、彼とともに会場へ向かった。スコットランドの民族衣装を着た人が、車の前をゆっくり歩き、大きな通りに出るまでそうやって進んでいった。

葬儀会場のシティ・オブ・ロンドン・セメタリー・アンド・クリマトリウムでは、コロナ禍のために、葬儀に参列する人数も時間も制限され、出席できるのは三十人まで。時間も45分間と決められていた。

棺をかつぐ時、家族が遺体の左足側をかつぐという風習があり、息子ジュウベイがレスリーの左足側を、レスリーの友人ショーンが右足側を、そして遺体の頭のほうにあたる、後ろ側は、彼のレジェンダリー・ベイ・シティ・ローラーズのメンバー、スコット、フィル、ニック、ダレンにお願いした。

レスリーは、「今のバンドは、みんなやさしくていい奴《やつ》ばかりなんだ。彼らの演奏だとリラックスして歌えるんだ」とよく言っていたから、最後まで彼を支えてくれたメンバーに感謝していると思う。

その後ろから、私とショーンの奥さんのケイティが続き、レスリーの二人の兄・ロニーとブライアン、BCR元メンバーのデレクと、アランの奥さんアイリーン、音楽プロデューサーのジョンも、スコットランドから来てくれた。

棺の上と周りには、お花とマイクロフォンと竹を置くことにした。

マイクロフォンは、「歌っている時が一番幸せ」と言っていたレスリーのために、中に骨壺《こつつぼ》が入るように特別に注文したものだ。

そして竹は、ちょっと変わったアレンジだと思われたかもしれない。レスリーと一緒に日本に里帰りするたびに、私の父が住職をしていたお寺の竹林で、彼とゆったりした時間を過ごしたことがあった。

レスリーは、イギリスの自宅の庭に竹を植えるほど、その竹林を気に入って、「本当は、もっと植えて、お寺の竹林みたいにしたい」とずっと言っていたから、彼の周りに飾ってあげたかったのだ。

レスリーが亡くなってから、近所の人や友人、知人からたくさんの花が自宅に届けられた。

花を贈りたいというお申し出もたくさんいただいたのだけど、会場に全部飾ることができず、お金は、コロナ禍で仕事がなくなり、厳しい状況にあるミュージシャンを支援するチャリティに送っていただくことにした。みなさんのお気持ちで、経済的にも苦しい方々の状況が、少しでもよくなりますように、と。

私とジュウベイは、「レスリーを送り出す日には、絶対泣かないでちゃんとしゃべる、笑顔で見送る」と二人で決めていたのに、ジュウベイが堪《こら》えきれずにスピーチの途中で言葉に詰まり、涙で話ができなくなってしまった。

普通ではない家庭環境で育ってきた私たちの息子は、父親に対して長年抱えてきた複雑な思いがあって、良いことも悪いことも、さまざまな思いが溢《あふ》れてきたのだろう。

参列の人たちも泣いていて、それで私は、予定していた内容をガラッと変えて、彼との思い出の笑い話をすることにした。

私たちは彼が死んでから毎日、二人だけの時は起きている間中ずっと泣いていたから、ジュウベイも私も腫れている目を見られたくないと、サングラスをしていた。

だけど彼のお葬式では、おちゃめで面白いことを言って笑うのが大好きだった楽しいレスリーを皆に覚えておいてもらいたくて、私たち二人は笑顔で見送りたいと思っていたのだ。

家族や親しい友人たちは、「良いアレンジだった」「ぺことジュウベイの話が良かった」「レスリーらしいお葬式だった」と慰めてくれた。

レスリーの友人で、著名な作家アーヴィン・ウェルシュさんのスピーチも、バンドのフィルとスコットが演奏してくれた、レスリーの好きだった曲「Killing The Blues」も、アレックスがレスリーのために作曲してくれた曲も、すべてのアレンジがとても良かった、と。

きっとレスリーも喜んでくれたはずだ。


お葬式から9日後の6月1日、レスリーは灰になって、やっと我が家に戻ってきた。私は、彼を抱きしめた。竹の植木鉢を二つ。その真ん中にマイクロフォンを置いて、朝晩、抱きしめながら話しかけている。

その後、9月よりも早く、7月の終わりに、レスリーの死因を調べていた検査機関（Poplar coroner court）から連絡があり、レスリーは、糖尿病だけでなく、肥大型心筋症を患っていたと知らされた。

その疾患があったために、

・突然死に至った可能性があること。

・しかしながら、彼が亡くなったのは、肥大型心筋症、糖尿病、長年のアルコール摂取による肝臓機能の低下など、複数の原因によるものだと考えられること。

・また、肥大型心筋症は発見が難しく、もしかしたら、彼も主治医も知らなかったかもしれない。

――ということだった。

亡くなった時の彼の顔は、穏やかで安らかで……。

レスリーは苦しまなかった、そして今は天国で微笑んでくれているということだけが、私の願いだ。

レスリーの罪の意識

2020年、コロナ禍が始まってから、ロックダウンでライブも外出もできなくなって、家族一緒に家で過ごす時間が増えていた。

それまでのレスリーは、イギリス国内に留《とど》まらず、日本、オーストラリア、カナダなど、国外にもツアーに出かけ、1年の半分は留守にしていたし、こんなに長い間、家族だけでずっと家にいるなんて、考えられないことだった。毎日顔を合わせて、ごはんを食べて、たくさん話をして笑うことで、私たちは、これまでになく穏やかで温かい家族の絆《きずな》を感じられるようになっていた。

亡くなる前の2か月間は特に、いつもにも増してやさしく私たちを気遣ってくれて、今から思えば、やはり彼は、自分の死期が近いことを感じていたのだろう。

トイレのタイルが剝がれているのを直してくれたり、棚をつけてくれたり、今まで頼んでも「やる、やる」と言いながら全然やろうとしなかったことや、私が望んでいたことを進んでやってくれるようになった。

家のことは、彼自身も古いところを修繕してきれいにしたいと願っていたのに、何十年もできないままだった。それが、「本当にやる、今度こそ絶対にきれいにするから。約束だ！」と何度も言って、本気で計画を立てていた。

銀行でお金を下ろしてきて、ジュウベイが投資している仮想通貨に使うようにと渡したり、レスリー自身も一緒に投資を始め、利益が出て喜んだり、二人で夢中になることもあった。

ジュウベイの誕生日には、欲しがっていたスクーターをプレゼントして、公園に行って、乗っている写真を撮ったりした。二人はよく一緒に映画も観《み》ていた。私にも洋服買ってあげようか、何か欲しいものはないかと、とにかくよく気遣ってくれた。

そんなの家族なら普通だと言う人もいるだろうけど、私たちにとっては、経験したことがないほど幸せな時間だったのだ。

彼は、たぶん罪の意識を感じていたのだと思う。

「俺は、おまえたちに嫌な思いをさせてきた自分が嫌いだ。自分がやってきたことを誇りには思えない。許してくれ」

酔うほどにエスカレートして、「こんな自分はもう死んだほうがいい。俺を逝かせてくれ」と、泣きながら言うこともあった。

彼は、家族に辛《つら》い思いをたくさんさせて悪かった、その償いがしたい、と考えていて、私たちにいい思い出を持ってもらおう、私とジュウベイの心を取り戻そうと一生懸命だった。

身体の調子がおかしいと言い始めたのは、2021年を迎えてすぐ、1月だった。

しばしば私とジュウベイに人工呼吸の練習をさせることがあった。

「ワン、ツー、スリー、フォー、プッシュ！　で胸を押してくれ」

「強く押したら苦しいんじゃないの？」と訊いても、「いいから、ヘルプ・ミー。俺はもうすぐ死ぬかもしれない。死なないように助けてくれ」と言う。ドアを閉めようとすると、「開けておいて。ヘルプと叫んだ時、おまえたちに聞こえないといけないから」と。

そんなふうに様子がおかしかったから、私もジュウベイも心配で、レスリーに何かが起こらないように、夜の間も交代で様子を見る日が続いていた。

「身体の中が変なんだ」と言って、食欲もなく食べないし、体調が気になってはいたけど、それでも亡くなる日の数日前までは、彼は公園に行ったり、買い物に行ったりもしていて、きっと良くなると信じていたのに……。

お酒が彼の身体を壊してしまったのだと思う。

たぶん、亡くなる日の前日にも飲んでいたのだろう。彼に飲ませないように、私たちも必死だったのだけれど。

その頃から一日の間に何度も「ぺこ！　ぺこ！」と私を呼ぶようになった。見に行くと、「俺はもうグッバイだ。バイバイ、マイラブ」と言う。

「なに言ってるの！　私のほうが年上なんだから、私が先よ。あなたは私が死んだ後のこと、面倒をみてくれなくっちゃ」と反論しても、

「愛してるよ。俺がおまえを愛してるっていうこと、それを覚えておいてくれ。俺が死んだら愛を証明するから、俺の愛がわかるだろう」と真顔になって、「アイラブユー、リメンバー」を何度も繰り返していた。

私たちの結婚記念日に

数年前に、義母の形見の宝石や真珠などの貴重品を、レスリーは銀行のセイフティ・ボックスに預けていた。その後ずっとそのままにしていたのに、3月

下旬のある日、突然「セイフティ・ボックスから大事なものを出すから」と、車で一緒に取りに行くことになった。

家に全部持ち帰って、その中から、レスリーが一番大切にしていた、彼の母親のダイヤのネックレスを、後ろから手を回して私の首につけてくれた。

「ちょっときついかな。金のチェーンを買おう。あ、俺が持っているチェーンをあげるから、サイズを直しに行こう」とレスリー。

「なぜくれるの？　これ、大事にしてたでしょ？」と訊くと、

「これをおまえにもらってほしいんだ。これでもう一度結婚しよう。ハネムーンに行こう。俺たちはハネムーンにも行ってないだろ？」。

そう言われて、ようやく気がついた。その日は、3月29日。

私たちの結婚記念日だったのだ。

私は忘れるほうだけど、彼はそういう記念日を全部覚えている人。

「おまえはいつも忘れるから、俺が先にハッピー・アニバーサリー！　と言う。

1回くらいおまえから言ってくれよ」とぼやいていた。

「女は、そういう記念日を覚えているものなのに、ほんとにおまえは男みたいだ。俺が女で、おまえが男だ」と笑っていたレスリー。

私たちは38年間も一緒だった。

いや、出会った頃から数えると、42年間も——。


彼、レスリー・マッコーエンとの人生は、けっして平凡ではなかった。

1970年代に世界中にタータン旋風を巻き起こした、イギリスの人気ポップ＆ロック・バンド「ベイ・シティ・ローラーズ」（BCR　※36ページ参照）のリード・ボーカルだったレスリー。

私と出会ったのは、彼がBCRを脱退してからなので、私はその頃の彼のことを全く知らなかったし、彼も話そうとはしなかった。

でも——。

お酒、ドラッグ、女たち、そして男たちも。世界的なスターだった彼の周りにはいつも誘惑がたくさんあって、トラブルには事欠かなかった。

何度別れようと思ったかわからない。

「この苦しみから私を解放してほしい、リリースして」と、泣いて彼に頼んだこともあった。

それでも結局、お互いに離れず、何十年も夫婦を続けてこられたのはなぜなのか。

私は、レスリーの言葉を信じていたからだ。

「俺が本当に愛しているのは、おまえだけ。俺のワイフができるのは、おまえだけだ。俺がもし別れようと言ったとしても、信じるな。それは本心じゃない。俺がおまえと一緒にいるということが、真実なんだ。俺はずっといるだろう？俺は死ぬまでおまえと一緒にいる」

という彼の言葉を——。

解説コラム

ベイ・シティ・ローラーズ（Bay City Rollers）とは

１９７０年代半ば、「ビートルズの再来」と称されて、ティーン・エイジャーのハートを摑《つか》んだスコットランド出身のポップ&ロックグループ、ベイ・シティ・ローラーズ。レスリー・マッコーエン（Leslie McKeown）は、ＢＣＲのリード・ボーカルで、彼が在籍している間にバンドは、「I Only Wanna Be With You」、「Shang-a-Lang」など、最も多くのヒット曲を出し、レコードを売り、世界中でコンサートを行なった。

BCR
Bay City Rollers

ＢＣＲのコンサートでは、彼らのトレードマークであるタータン・チェックの衣装に身を包んだファンが、数百人も失神する熱狂ぶりだったことから、その現象は、「タータン・ハリケーン」と呼ばれて世界を駆けめぐり、レコードの売り上げは１億２０００万枚以上、70年代を代表するポップ・カルチャーとなっている。「Bye Bye Baby」は６週連続でイギリスのヒット・チャートの№１、「Saturday Night」は全米№１ヒット

BCRの「オリジナル5」と呼ばれたメンバー。左からアラン・ロングミュアー、デレク・ロングミュアー、レスリー・マッコーエン、スチュアート・ウッディ・ウッド、エリック・フォークナー（1974年）

photo by Getty Images

に輝いた。

レスリー・マッコーエン、エリック・フォークナー、スチュアート・ウッディ・ウッド、アラン・ロングミュアー、デレク・ロングミュアーが「オリジナル5」と呼ばれるメンバーで、最年長のアランが脱《ぬ》けた後、17歳のイアン・ミッチェル、18歳のパット・マッグリンが続けて入ったが、それぞれ短期間で脱退している。

78年にレスリーがやめてからは、新しいボーカルのダンカン・フォールが加入。バンド名をThe Rollersに変更したのち、81年に解散した。

その後もオリジナルメンバーが集まって、たびたび再結成コンサートが行なわれていた。ソロでも人気があったレスリーは、自身のバンド、Ego Tripなどで活動し、90年代以降は再び、「レス・マッコーエンズ・レジェンダリー・ベイ・シティ・ローラーズ」として、かつてのヒット曲を歌うようになった。しかしレスリーは、エリックとウッディを中心としたもうひとつのベイ・シティ・ローラーズとグループ名の使用をめぐり、裁判で争った経緯もある。

英紙『ガーディアン』の記事(2009年4月10日配信)によると、レスリーは元マネージャーのタム・ペイトンについて、2005年のインタビューで、「彼(タム)はメンバーが疲れたと言うとアンフェタミンを与え、スピードやブラック・ボンバーなどで、眠気を覚まさせていた」と語っている。また、「タム・ペイトンはコントロールの鬼だった」(『チャッピーのB・C・R大百科』山本さゆり著/音楽出版社より引用)とBCRのメンバーが口を揃えていたという。

のちに、BCRのメンバーは、自分たちのものだと思っていたお金が、実はない、ということに気づく。お金はすべて複雑に関係しあっている会社のものになっていて、契約書がないため支払われずに眠る印税もあり、メンバーは、管理を任されていた会計士とレコード会社を訴えた。会計の仕組みが複雑すぎて、巨額の印税がどこに行き、誰のものになったのか、結局はわからないまま、メンバーが手にしたのは、期待していたよりもずっと少ない金額となった。

ＢＣＲを脱退後とはいえ、まだまだ人気の絶頂期だったレスリーは、23歳の時、妻となる日本人女性、月岡啓子と出会い、１９８３年、二人は結婚する。翌年には一人息子のジュウベイ・リチャード・マッコーエンが生まれ、２０２１年4月に亡くなるその日まで、38年間、連れ添った。

妻との出会いについて、「ひとめ惚《ぼ》れという言葉があるとすれば、こういうことを言うのだろう」「脚光が消えても、自分を愛してくれる人とめぐり会えて良かった」と、レスリーは自伝『Shang-A-Lang: My Life With The Bay City Rollers』（リン・エリオットとの共著／Independently Published刊／２０１９年11月）に書いている。

第1章

二人の出会いから結婚まで

仏前結婚式のために坊主頭にしたレスリー

「私たちは遊びだよね」

レスリーと出会った頃、私は、ロンドンのピカデリー・サーカス近く、レスター・スクエア（ウエストミンスター区）に住んでいた。チャイナタウンと隣接するビルの一室。部屋の窓から、下の通りのチャイニーズ・レストランに、「チャーハンひとつね」と頼み、アサキチという名の猫を連れて降りていくのが日課だった。ちなみにその時もこれまでも、飼った猫はみんなアサキチ。

ロンドンのあざみ会館は、日本料理レストラン＆バー、ナイトクラブ、麻《マー》雀《ジャン》店が入る複合ビルで、どの店も日本人向けの会員制で、お客さんも働いている人も、日本人ばかり。私は、「ミモザクラブ」の経営を任されていた。

レスリーは１９７９年のある日、日本の出版社の人に招待されて、そのお店にやって来た。

彼が入ってきた時、私はキャッシャーで従業員に渡すお給料の計算をしていて、目があうと、彼は私に「ハロー、ビューティフル・スージー・ウォン！」と声をかけてきた。

スージー・ウォンは、恋愛映画『スージー・ウォンの世界』シリーズの主人公の名前。主演は、当時人気のあったアメリカ人女優ナンシー・クワンで、1960年代を代表するセックス・シンボルとされている。

私も初めてレスリーを見た時、素敵な人だなと思った。

彼は、かっこよかった。お子様バンドのイメージは全然なかった。

ロック音楽が好きだった私は、当時、ティーン・エイジャーにすさまじい人気だったBCRのことを若い子向けのお子様バンドだと思い込んでいて、ほとんど観たことがなかった。日本の会社の人に招待されて来ているのだから、有名な人だろうとは思ったけど、「イーゴ・トリップ（Ego Trip）」と紹介された彼が、元BCRのレスリーとは知らなかったし、知っていたとしても興味をもたなかったと思う。

「この後、映画に行かない？」と帰り際に誘われて、仕事があるからと断わると、レスリーは、「それじゃ電話して」と、自分のブロマイド写真の裏に電話番号を書いて渡してくれた。そこには電話番号しか書かれておらず、その時の私は、彼がいったい何者なのか、名前もわからず、その写真はキャッシャーに置きっぱなしになっていた。

それから2週間くらいして写真を見た従業員が、「ああ、これ、レスリー・マッコーエン！」と言うので名前がわかり、彼に電話をすることにした。

レスリーも私の名前を知らなくて、すぐにはわからなかったみたいだけど、「私のこと、スージー・ウォンって呼んでたでしょ」と話すと思い出して、「じゃあ家に来て」と、グロスター・ロード（ケンジントン&チェルシー王立区）の住所を教えてくれた。

約束の時間に行くと彼は留守で、家の前にいたファンの子たちが、「レスリーは急用ができちゃったけど、すぐに戻るから待っててって」と伝言をくれて、あとで訊くと、ファンの子たちはレスリーから、私を絶対に引き止めておくように、頼まれていたらしい。

その子たちとおしゃべりしながら待っていると、レスリーが「お待たせしてごめんね」と帰ってきた。映画に行こうという話になり、彼がジャッキー・チェンの映画を観たことがないというので、チャイナタウンの映画館でカンフー映画を観ることにした。

イギリスに来てからカンフーを習い始めた私が、アクションを解説したり、映画を観ながらパンチのよけ方を練習したり、私も彼もおもしろいことばかり言ってゲラゲラ笑って、それが最初のデートだった。

そのあとも何度かデートを重ねるうちに、レスリーがエセックス・ロード（イズリントン・ロンドン特別区）に引っ越しすることになり、「ここに移るから遊びに来て」と、新しい住所を教えてくれたのだけど、私はそのまま連絡せずに、これで終わりにしようと考えていた。

なぜかって、彼との結婚は考えられないから、深入りせずに別れようと思っていたのだ。

その時、私は31歳。もういい歳《とし》だから、そろそろ結婚して親に孫の顔を見せなきゃと思い、日本に帰るつもりだった。

彼はまだ20代前半で、いずれアメリカのＬＡ（ロサンゼルス）に行くと言っていたし、それに、彼はスターだったから周りに女の人がいっぱいいて、遊んでいる人なのだろうと思っていた。ミュージシャンの友達もいたから、そういうところをたびたび見てきたし、きっと彼もそうだろうと。

レスリーのことは好きだったけど、情が移って離れられなくなるのが怖かった。それまでの私は、誰か一人と長く付き合ったことがなくて、捕まえられるのが大嫌い。捕まえてもふわりと逃げていく、クールで自由で風船みたいな女だと言われていた。

もっと若い頃はゴーゴーガールをしていて、ライブの仕事であちこち旅をすることもあり、旅立つ時にボーイフレンドがいると心配で心残りになるから、別れてから行くようにしていた。

自分のために他の人と付き合えなかったら悪いと思うし、戻ってきた時にまだ好きだったらまた付き合えばいいと思って、お互い自由になるために別れていく。のめり込まないように、恋をしかけたら、心をコントロールして長く付き合わず、早く別れて次の土地に行く。そんなふうにしていたから、両親はずっと心配していたと思う。

誰かに縛られたくなかったし、相手を縛るのも嫌だったけど、親に孫の顔を見せるためには結婚しなければ、と。だから日本に帰らなくっちゃ、と思っていたから、彼とは最初から、長く付き合う気がなかったのだ。

ところが、1か月ほど過ぎたある日、新聞にレスリーに子どもができたというゴシップ記事が載った。BCRはすごく売れていたのに、あまりお金をもらえてなくてかわいそう、っていう話を聞いていたから、レスリーがまたそんな記事でダメにされるのかなと気になって、新聞記事の切り抜きに「大丈夫？気をつけてね」と書いた手紙を彼に送ることにした。

そうしたらすぐに、レスリーがお店にやって来た。彼はキャッシャーの中に隠れていて、私が入っていくと「わー！」と飛び出してきて、びっくり。

「手紙見たよ。ありがとう。僕のことを考えてくれて嬉《うれ》しいよ。どうして連絡くれなかったの。あんな記事デマだよ。嘘《うそ》ばっかり書くんだ」

1時間くらいおしゃべりした後、彼は「今夜、仕事が終わったら家に来る？」と、外に停《と》めた車の中で待っていてくれた。

その日以来、レスリーはしょっちゅうお店に来るようになった。

彼はいつも、私の仕事の邪魔にならないように、キャッシャーのカウンターの中で静かに隠れていてくれて、時々ちょこんと顔を出したりするのもかわいかった。

「お腹《なか》、空《す》いた」と言うレスリーのために、下の階にある日本料理レストランから焼き鳥やサンドイッチなどの食べものを持ってきてもらうこともあった。従業員も、ＢＣＲを知っている人たちはみな、「どうしてレスリーがここにいるの？　すごいね、レスリーは絶対、ぺこさんのこと好きよ」って言ってたけど、「私、年上やからね」と、受け流すようにしていた。

自分は追いかけるタイプじゃないし、のめり込んだらダメと思っていたし。でも彼は、最初からとってもチャーミングで、魅力的だった。


レスリーが来るのは、いつもだいたい夜中の2時頃。お店が終わるのは3時。「遅くなるから帰っていいよ」と言っても、待っている。

そのうち毎日のように、仕事のあと、一緒に彼の家に帰るようになった。

レスリーも昼間は、オフィスに行ったり、写真撮影をしたり、インタビューを受けたりと忙しくて、時間がある時は、私も彼の仕事について行った。写真撮影がある時には衣装をスーツケースに入れて運ぶのだけど、彼はスターなのに荷物持ちがいなくて、カンフーで鍛えていた私が運んであげると、「力持ちの彼女だなあ」って、周りの人たちに驚かれていた。

そういえば、週末には、レスリーの友達のカップル、コリンとスティーブンと、彼らの田舎の山荘によく泊まりに行っていたのだけど、ぬかるみがあって、一人だけ長靴を履いていないレスリーを私がおぶって渡っていたら、「それじゃ男と女が反対だろう。ぺこが男でレスが女みたいだ」と笑われたこともあった。その山荘では、森の中を散歩したり、カヌーに乗ったり、追いかけられる生活から逃れて、彼もリラックスできたのだと思う。

そんなふうに、デートの時にはいつも誰かと一緒で、彼と二人だけじゃなくてもいいのが他の女と違うところだと、レスリーは言っていた。「女はみんな二人きりになりたがるのに、おまえは違う」と。

その頃、私が住んでいたレスター・スクエアの部屋を急に出なければならなくなり、「次が見つかるまでうちに来たら」とレスリーが誘ってくれたので、エセックス・ロードにある彼の家に居候させてもらうことになった。猫のアサキチも一緒に。

引っ越しの前日、手伝ってくれるために初めて私の家に来たレスリーは、その狭い部屋がとても気に入り、「俺はなんで今までここに来なかったんだろう。ロンドンのど真ん中なのに、こんなに静かだなんて。頭がスーッとする。俺、もっとここに来ればよかった」と言っていた。

私が持っていた電池式の小さな白黒テレビを見つけると、「テレビ、あげればよかったね。自分の引っ越しの時に他の人にあげちゃったけど、ぺこにあげればよかった」と言うので、「私はこれでいいの。ちっちゃいのが好きだし、これなら日本に持って帰れるでしょ?」と答えると、「いつ帰るの?」とレスリーはちょっとさみしそうな表情を浮かべた。

「数年のうちに。あなたもいずれＬＡに行くんでしょう？　私も自分の将来のことを考えなきゃいけないから。日本に帰って結婚して、両親に孫の顔を見せてあげなきゃって思ってる」

「俺たちはなに？　どんな関係だと思ってる？」

「私たちは遊びだよね。心配しないで。あなたに結婚してと頼んだりしないから」

「オフコース。俺もそうだよ。そんな気ないから」

「あー心配しなくていい。私は日本に帰るつもり。帰って結婚するから」

お互いにそう言って、私と結婚なんて、彼も考えていないのだと感じていた。

家の中ではいつも全裸

レスリーの周りにはファンや取り巻きの人たちがたくさんいて、付き合う相手には事欠かない。この人と結婚したら泣くだろうと思っていたし、それに彼は私だけのものじゃないし、とやかくいうことじゃない。

いずれこの人はどこかに飛んで行って、自分も日本に帰る。

だから私は、彼との結婚は考えず、それまでの間は楽しもうと思うようにしていた。

それでも、一度だけやきもちを焼いたことがあった。

レスリーが女の子とキスをしたり、旅行に行った時の写真を見つけて、すごくきれいな人だったから、「この人とまだ付き合ってるの？」と訊くと、「いや、昔、付き合っていたけど別れた。今は友達だよ」とレスリー。

でも、気になって、写真に書いてあった電話番号にかけて訊いてみることにした。

もし二人が付き合ってるなら、即別れようと思って。

人の男をとるのは嫌だし、その人もかわいそうだから。

それで、アメリカに住んでいた彼女に、国際電話をかけて訊いた。

「ハロー。あなた、レスリーとまだ付き合ってるの?」と電話がつながった彼女に尋ねると、「ノー。もう付き合ってないわよ。今は友達」と答えてくれた。「あなたは誰?」と逆に訊かれたので、「私、今レスリーと付き合ってるの」という会話をした。

そんなことを後日、レスリーに話すと、「え、アメリカまで電話したの? ほんとに電話したのか? 英語しゃべれたの?」とにっこり笑う。

「どうして電話したの?」と訊くから、「もし付き合ってるって言われたら、あなたとすぐ別れようと思ってた」と答えた。

彼は「かわいいなあ。かわいいなあ」と、私のほっぺたを両手でつまんでプルプルしていた。私がわざわざ前の彼女に確かめようとしたのが、すごく嬉しかったみたいに。

レスリーの家に引っ越して驚いたのは、スタッフとミーティングをする時も、スタイリストの女の人がいても、彼がいつも裸で家の中を歩き回っていたことだった。パンツも穿《は》かず、玄関ドアが開けっぱなしになっていたこともあったから、家の前にいるファンの子たちにも、時には大事なところが見られていたと思う。

結婚してから、スコットランドで両親と同居の時にはちゃんと服を着ていたけど、ロンドンに住むようになってからは、やっぱり家では基本的に、裸。ジュウベイが大きくなってから、「俺はお父さんの裸なんか見たくない。恥ずかしいから服を着てくれ！」と言われて、パンツを穿いていたこともあったけど、しばらく経つうちに、また全部脱いでいた。

レスリーとはよく、お互いの服を交換して着ることもあった。

私が着ていた、身体にぴったりしたシースルーの服を見て、「それいいね。

俺にも着させてくれ」と言うので彼に貸してあげたり、私も彼の服を借りたりして。

また、ある時には「こういう服はどこで売っているのか、連れていってくれ」と頼まれて、一緒に買い物に出かけることもあった。カムデン・タウン（カムデン・ロンドン特別区）にあるお店で買った服を、彼はイーゴ・トリップのステージ衣装にも使っていた。

レスリーの家の前には、いつも十五〜三十人くらいのファンが朝から暗くなるまでずっと立って待っていたのだけど、暗くなって帰る時には心配で、私は「大丈夫？　気をつけてね」と声をかけた。

トイレの窓が換気のために少し開けてあって、そこから私のトレードマーク、髪の毛につけた赤いバラが見えると、彼女たちが「ぺこー」と呼ぶ。時には一緒にお茶を飲みながら話をしたりして、だんだん仲良くなって、「ぺこだったら、レスリーと結婚してもいいよ」と言ってくれるようになっていた。

ＢＣＲを脱退して間もない頃の彼は、イギリス本国よりも日本で人気があって、音楽雑誌『ROCK SHOW』のミスター・バレンタインに選ばれたり、ソロになってからシングルやアルバムを出したりして、よく日本に行っていた。

出会った時にイーゴ・トリップと紹介されたのが、彼の新しいバンド名だった。１９８０年には、ザ・タイガースのヒット曲「銀河のロマンス」や「花の首飾り」をソロでカバーしたシングルが日本で発売されたことがあった。それは、ザ・タイガースのメンバーが私の知り合いで、レコード会社から提案された曲の中で「これとこれが私の好きな曲。すごくいいよ」と勧めたのがきっかけだ。

プレゼントされた指輪の意味

そんなふうに楽しく付き合っていたのだけど、空くのを待っていた部屋が空いて、私は骨董《こっとう》市で有名なポートベロー・マーケットの近く、バセット・ロードのシェアハウスに引っ越して、レスリーもいよいよLAに行って仕事を始めることになった。アメリカに行く前に、両親の家で過ごす彼に連れられて、私もイングランド南西部のコーンウォール州に向かった。

それまでにも何度か一緒にコーンウォールを訪れていたし、彼の両親に俺の彼女だと紹介されていたのだけど、義母は、「息子がオリエンタルのガールフレンドを連れてきたのは初めて」と驚きつつも、「どうせすぐに別れるだろう」と思っていたらしい。

レスリーも、そして私も、誰かと付き合って、こんなに長く続いたことがなかったから、私たちだって最初はそう思っていた。

お互いにこんな人は初めてで、ずっと一緒にいて楽しくて、いつか訪れる別れを思うと悲しかった。

アメリカに行ってしまう彼と過ごす最後の時間、二人で海が見える散歩道を歩いていた。

赤く染まった空と波しぶきがキラキラと光る海を眼下に見ながら、手を繫《つな》いで歩き、私が歌う「夕焼け小焼け」の歌を、レスリーはずっと聴いていた。

「この歌はね、お母さんの思い出なの。夕焼けの時、お母さんが私のために歌ってくれたこの歌が大好きなんだ」

座って夕焼けを眺めているうちに日が暮れて、薄暗い海から強い風が吹いてきた。お互いに別れが来ることを思いながら、それを口にはしなかった。

その夜に、彼はダイヤの指輪を出してきた。

「これはぺこにつけてほしい。俺がデザインしたんだよ」

「オーダーメイドの指輪で、すごく高かったのよ」と、彼のお母さんが言っていた。

「もらえない。ノー、ノー」と断わったけど、レスリーは、「ぺこは最高の彼女だから、これをつける価値がある」と言って、左手の薬指にはめてくれた。

「俺、行っちゃうけどさみしい？　どうする？」

彼は何か言いたそうにしていた。

「俺とLAに来てもいいんだよ」

「ノー、レスリー。私はLAに行かない。仕事があるから」

「一緒に来たくないの？　仕事ならLAで働けばいいよ。俺が見つけてあげる」

彼はそう言ってくれたけど、そんなことをすぐに決めて行くなんてできない。仕事も、アメリカに行って、いきなりすぐにはできないだろうし、私はもう30歳を過ぎていて、彼について行っていいかどうか、わからなかった。

拙《つたな》い英語で、「私はもう歳だし、年上だし、今の仕事を辞めたら、すぐに日

本に帰って、結婚して子どもを産んで、両親に見せる」と説明したら、

「そうか……それじゃ、俺たちはこれで終わりなのか。終わりなんだな」

「そう。ありがとうね」って私が言って……。

今から思えば、あの指輪がレスリーからのプロポーズだったんじゃないかな。だけどその時の私は、指輪の意味がわからなかった。彼はLAに、私は日本に、それぞれの道を進むつもりで、別れる前に記念の指輪をくれたのだと思っていた。

彼は言えなかった。何か言いたいことがあったのに、私に断わられるのが怖くて、プライドもあって、言えなかったのだろう。

別れたのに毎日かかってくる国際電話

1981年3月。アメリカに行く前に日本で仕事があって、彼は日本からL

Aに向かうことになっていた。

「俺は涙が嫌いだ」とレスリーはよく言っていた。「泣く女はごまんと見ている。泣かないでくれ」と。だから私は、旅立つ彼をクールに送り出そうと思っていた。

これからはお互いに別の道、彼はLAに、私もいずれは日本へ帰る。さよならしなきゃ、きっぱり別れなきゃと思いながらも、すごく悲しくて、虚《むな》しい。でも、それを見せちゃいけない。

彼はソロでがんばって、アメリカで羽ばたこうとしている。一生懸命自分でカムバックしようとしているから、そっと見守ってあげよう、笑顔で送ろう、と決めていた。絶対に泣くまいと……。

空港に向かう車の中で、彼に同行して渡米するビジネスパートナー、スコービーの彼女がわあわあ泣いているのを見ても、私は一度も涙を見せなかった。

「おまえはなぜ泣かないんだ」とレスリーに訊かれ、「あなたは泣く女が嫌いだって言ってたでしょ。笑顔でグッバイしたいの」と答えると、「悲しいなら泣けよ」。

レスリーはそう呟《つぶや》いて、寂しそうに見えた。

ヒースロー空港に到着すると、すでにファンの子たちが悲しげな顔で待っていたけど、私がレスリーと最後のキス、最後のお別れをしている間、みんな後ろで控えていてくれた。

「さようなら」「さよならレスリー、気をつけて」

手を振る彼がゲートの奥に入り、ブルーの派手なスーツが見えなくなったとたんに、目から涙が、それまでこらえていた思いが堰《せき》をきったように溢れでた。

その場に立ちすくみ泣いていると、「ファンにお別れを言うのを忘れていたから」とレスリーが再び出てきて、涙でくちゃくちゃになった顔の私を見つけ、もう一度抱きしめて、そして旅立っていった。

空港で、ファンの子たちと一緒に抱き合って、泣いた。

もうこれで終わり、切り替えなきゃって、明るく送り出すために冗談を言ったりしてたけど、こらえていた涙はもう止めることができなかった。

そして、私は自分だけの生活に戻り、バセット・ロードのシェアハウスに住み、お店とカンフーの毎日を続けた。

私はレスリーと知り合ってからすごく痩せてしまい、その頃はガリガリになっていた。なぜかというと、夜中の3時に仕事が終わった後に彼と会うから寝不足で、毎日4時間しか寝ておらず、どんどん痩せて筋肉がなくなり、健康じゃないと、周りの人たちから心配されていた。

レスリーがいなくなって、「よし、これで眠れる。カンフーにも行ける」と、前向きに考えようと思っていた。彼のことじゃなくて、健康になることをするように、頭を切り替えることで彼を忘れようと思っていたのだけど、忘れるどころではなかった。

彼がアメリカに到着して1週間ほど経った頃、LAのレスリーから毎日国際電話がかかってくるようになった。

「レスリーさんから電話ですよ」と店にもかかってくるし、家にも。多い時には、一日に3回も。

その頃は電話代が高く、「アメリカから国際電話で毎日1時間も話すなんて、高いからやめて」と頼んでもかけてくる。

「ぺこはどうして電話してくれないんだ。電話してくれ」とレスリーが責めるのだけど、電話していたら仕事ができないし、そもそもおかしいと思っていた。

「レスリー、私たち別れたのよね」

「そうだ」

それなのに、「会いたい、会いたい」と繰り返すレスリー。そのうちに、「店は辞めろ。仕事を辞めて俺についてこい。LAで一緒に住もう」と言い出した。

「ノー、レスリー。私は、ここを辞めたら日本に帰るの」

「じゃあ、辞めなくていいから、会いに来てくれ。さみしいんだ」

こんな会話を続けるうちに、やはりおかしいと思って、もう一度訊いた。

「レスリー、私たち別れたのよね？　さよなら言ったんだよね？」

「そうだよ」

「じゃあ、なぜ私たち、こうやって電話してるの？」

「ぺこは、俺を愛してる？」

「うん」

「じゃ何が問題？」


レスリーが何度も電話をかけてきて、「会いたい、さみしい、いつだいつだ、いつ来るんだ」という言葉を聞くうちに、私もだんだん我慢ができなくなって、会いたい気持ちを抑えられなくなってしまった。

あまりに情熱的な誘いにぐっときて、一生懸命に強くしていた自分の心が、

付き合いだして初めての誕生日
（レスリー24歳）

父が住職を務める岩屋寺で両親と

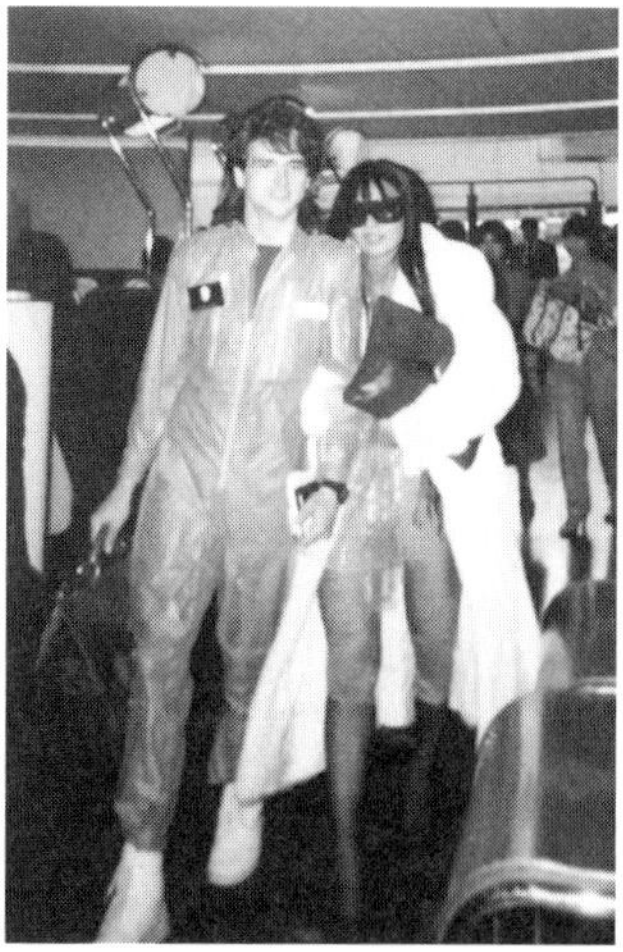

別れの日。ヒースロー空港で

ケンジントンのタウン・ホールでシークレットに結婚式

揺さぶられて、自分もすごく会いたくなって、オープンハートしようと思った。

「会いに行くわ。でもお店はすぐに休めないから、12月まで半年待って」と言うと、「そんなに待てない。今すぐに会いたい！」と繰り返す。

「愛してるから電話したんだ。会いたいんだ！」って。

彼はその頃も、もっと歳をとってからも、駄々っ子のように、こちらがＯＫするまで言い出したら聞かないところがあった。

「わかった、わかった。でも一人で行くのが怖い」と言うと、そこで彼は、私が英文が読めなくて、英語もうまく話せない、どこかに行く時にはいつも誰かについて来てもらっていたことに気がついた。

「スコービーの彼女、マンディと来い。彼女に連絡しろ」

私はそれまで、お店を休んでホリデーに行ったことがなかった。初めて「お店を休みたい」とオーナーに頼むと、「ああ、行っておいで」とやさしく送り出してくれた。

これまで安いお給料で休みもなく働いてお店を繁盛させてくれたから、それくらい認めてあげようと思ってくれたらしい。

私はマンディと、レスリーとスコービーのいるLAに向かった。

LAの空港では、花を持ったレスリーが、今か今かと、出てくる人の中から少しでも早く見つけようと、首を伸ばして待っていてくれた。そして駆け寄り、抱き合った。車に乗って彼の家に向かう間も、お互いに一瞬たりとも目を離したくなくて、見つめあっていた。

レスリーに連れられて初めてヨガをしたり、ビーチで泳いだりして楽しく過ごし、1週間はあっという間に過ぎようとしていた。ところがその時突然、何かトラブルが起きて、スコービーがマンディといなくなってしまったのだ。

レスリーは不安になって、「ぺこ、帰らないで。ずっと一緒にいてくれ」と必死で頼むのだけど、私は仕事があるから帰らなきゃいけない。

「レスリー、この1週間は、私が日本に帰る前に特別にもらった最後のホリデー。短くてもあなたと過ごしたいからLAに来たけど、1週間だけしかいられない」と断わると、「じゃあ俺も帰る」と言い出して、彼はその2週間後にLAのアパートや車を整理して、イギリスに戻ることになった。

LAの仕事はうまくいかず、スコービーもいなくなって、結局、彼はアメリカに4か月ほどしか滞在しなかった。

何かを成し遂げるには、短すぎたと思う。

バセット・ロードの私の部屋に

アメリカから戻ってきたレスリーは、しばらくはコーンウォール州にある両親の家に滞在していた。けれど、仕事でロンドンにあるワタナベプロダクション・ヨーロッパのオフィスに行くことが多くなると、ロンドンに来た時には、バセット・ロードの私の部屋に泊まるようになり、少しずつ荷物が増えて、いつの間にか一緒に暮らすようになった。

当時の私は、レスリーがアメリカに行ったら自分も近いうちに日本に帰ろうと思っていたので、精算を簡単にするため、電気代やガス代をその都度コインで支払うシステムの部屋を借りていた。

バスルームを使うのにも、テレビを観たりヒーターをつけたりするのにもコインが必要で、お金を入れた分だけ電気やガスが使える仕組みだ。私が仕事の間、家で待つ彼のために、いつも10〜15ポンド分くらいのコインを用意しておいた。電話は、同じシェアハウスの人たちと共有で、呼び出してもらう。ワンルームに台所のシンクとガスコンロも一つだけ。

「こんな部屋に、スターの人が住むなんておかしいよ」と私。彼は「ここにいるとリラックスできるんだ。自分がここにいるってことは誰も知らないし、追いかけられないから」と解放されたようにくつろいでいた。

LAに行く頃にはレスリーのバンド、イーゴ・トリップはすでに解散していて、ライブがなく、収入もなく、だけど彼のシャツはシルクばかり。一回着たらすぐに洗濯に出したりして、クリーニング代もばかにならない。

そして、彼は当時、BCRの元メインボーカルとして有名だったので、移動する際には電車やバスには乗らず、タクシーを利用していた。いつもタクシーでは出費が嵩《かさ》む。私が運転免許を持っていることを知ると、ウォーズリーというかっこいい中古車を買ってくれて、昼間は私が彼の運転手になった。

私の寝不足もまた始まっていた。明け方の3時まで仕事をして4時に寝て、朝8時にはレスリーに「お腹が空いた」と起こされて、朝ごはんを作る。昼間は運転手をして彼について行き、夜はお店の仕事。

毎日寝不足で身体がきつくて、もうちょっと私の仕事や体調のことを気遣ってくれてもよいのにと思っていた。

もしかしたら、彼はそうやって、私を追いつめて、ギブアップするのを待っていたんじゃないか、私を日本に帰らせないように引き止めようとしていたんじゃないか、と今は思う。

身体がきつくて大変だから仕事は辞めて、そして自分と結婚する、という風に持って行きたかったんじゃないかな。レスリーのことを愛していたけど、私は日本に帰って日本人と結婚する、とずっと言い続けていたから。

ＬＡに行く前、指輪を渡された時に、それがプロポーズの意味だとわからなかった私に、「ノー。一緒に行かない」と断わられて、レスリーはもう一度「結婚しよう」とは、なかなか言えなかったのかもしれない。

彼はよく「おまえは思い通りにならない。だからいつもおまえが一番なんだ」と言っていた。彼に「一緒にＬＡに来ないか」と誘われたら普通の女なら飛び上がって喜ぶのに、ノーと断わるのは私だけ。そういうところが普通じゃないと思っていたらしい。

そう、私はずっと、いずれは日本に帰るつもりだったのだ。

日本武道館のＢＣＲ同窓会コンサートに同行

レスリーと最初に日本に行ったのは、１９８２年。ＢＣＲの同窓会コンサートが日本武道館で開催された時だった。彼はすでに脱退してソロ活動を始めていたけど、元のメンバーでの公演を望む声が多く、一回限りの（と言っても、その後何度も参加することになったのだけど）再結成コンサートが行なわれた。

武道館は超満員。人気は未《いま》だ衰えず、レスリーが脱退してから4年が過ぎても変わらぬ熱意で応援してくれて、輝かしい時代の同窓会を、彼もファンとともに楽しんでいた。

レスリーはソロでも人気があったから、嫉妬したファンに私が意地悪されるのではと心配されて、ガードマンが付けられていた。実はその前に、髪の毛を摑まれたり、蹴られたりしたことがあったから。でも、その2回だけ。

彼もＢＣＲの他のメンバーも、日本のファンは礼儀正しくてやさしいと褒めていた。

ロックが好きな私は、ＢＣＲはお子さまバンドだと思い込み、あまり興味がなかったのだけど、コンサートを観て、ファンの人たちの熱狂ぶり、彼らの人気の凄《すさ》まじさにすっかり感動してしまった。

レスリーの甘い歌声は、時にセクシーで、パワフルで、ステージ上の彼にはオーラがあった。

レスリー、大阪の下町にフォーリン・ラブ

コンサートの後、レスリーを大阪市西成区の実家に連れて行った。

空手をする満夫兄さんが彼の前に立ち、右脚を天井に向かって真《ま》っ直《す》ぐビュンっと伸びし、ゆっくりと下ろしながら、レスリーの鼻先でピタっと止めて「ハウドゥーユードゥ」。それが最初の挨拶だった。

当時、両親が始めた「かっぱ食堂」を次男の満夫兄さん夫婦が引き継いでいて、レスリーは、私と西成に来た時はいつも、その食堂の二階か、三男の進兄さんの奥さんが営む「はぎお好み焼き屋」の二階に布団を敷いて寝ていた。

彼は武道館でコンサートをするほどのスターなのに、こんなところでええんかいな、と思ったけど、お世辞にもきれいとは言えない、古い家の和室を彼は気に入り、大阪の商店街や下町の暮らしにカルチャー・ショックを受けながらも、毎日を楽しんでいた。

西成には、日雇いの土木作業員のおじさんたちが多く住んでいて、黄色や赤のタオルを頭に巻いていた。

それを見たレスリーが、満夫兄さんに「あの人たち、どうしてタオルを頭に巻いてるの？」と訊く。

英語が話せない兄が私に「ファッションや言え！」と言って、私が「ファッションや」と英語で伝えると、レスリーは「ワーオ！　ファンタスティック！　アイ・ライク・イット！」と感心していた。

レスリーは、下町のおじさんたちによく話しかけたり、かけられたりして、それを見ていた兄たちとの会話もおもしろかったので、そのまま書いておく。

・日雇い労働者のおじさんが、地べたで寝たり、プールサイドで使うビニール張りの折りたたみベッドに寝ているのを見て――。

レスリー「どうしてプールのベッドで寝ているの？」

満夫兄さん「キャンプや言え！」

私「キャンプしてる」

レスリー「ワオ！　ディス・イズ・ワンダフル！」

そして、自分も寝たいと言い出して、レスリーもビニールのベッドを道に置いて寝ていた。

・西成の高架下で、壊れた時計や片方の靴など、変わった物が並べて売られていた。
レスリー「ぺこぺこ、見て。靴1個しか売ってないよ。どうして？」
私「おっちゃん、なんで靴片っぽしか売ってへんの？」
おじさん「アホ。おまえ、酔っ払って靴なくしたりするやろ。そんな時、靴1個あったら助かるやろが」
レスリー「ワオ！　グッド・アイデア！」

・甥《おい》っ子が野球のバットを持って出て行ったので、野球をするのかと思ったレスリーがついて行ったけど、しばらくすると慌てて帰ってきた。
レスリー「ぺこ、あの子たち、野球しないで自転車を壊してる！」
私「なんか理由があるんでしょ」

甥っ子「父ちゃんのこと馬鹿にしたヤクザのおっさんになめられたらあかんと思って、思い知らせるために、そいつの自転車をボコボコにした」
レスリー「ワオ！」
レスリーの目は点になっていた。

・満夫兄さんが焼肉屋でご馳走《ちそう》してくれた時のこと。レスリーは箸で焼肉を口に入れようとしたが、固まってしまった。入り口を見たまま、お肉を落としている。
私「どないしたん？」
レスリー「あの人、パジャマで焼肉食べるの？」
爪楊枝《つまようじ》をくわえたおじさんが、パジャマに腹巻きをして入ってきたから、びっくりした様子。
満夫兄さん「こんなん普通や」

レスリー「ワオ！　グレート！　アンビリーバブル」

レスリーがとても気に入って、同じ格好がしたいと言うので、彼にもパジャマのような甚平と腹巻きを買ってあげた。レスリーは甚平を着て、頭にタオルを巻いて、爪楊枝をくわえて、雪駄《せった》をはいて、腹巻きに片方の手を突っ込んで、もう一方の手で私と手をつないで飛田本通り商店街を歩いていた。

「このまま地下鉄に乗ってもいいか」と訊くので、「あかん、あかん」と止めた。

私がレスリーに惚れた、結婚しようと思ったのは、彼のこういうところだと思う。

スターで超高級ホテルに泊まっていた人なのに、日雇い労働者やヤクザの人たちが暮らす街に来て、食堂やお好み焼き屋の二階の小さな部屋に泊まり、文句も言わずに、日常を楽しんでくれた。

「この西成の街では、次に何が起きるかわからない。毎日が事件でエキサイティングだ」と。

うちの家族はみんなやさしい心、人を楽しませようとする心を持っている。肝っ玉なお母さん、やさしいお父さん、エンタテイナーな兄さんたち。

私は自分の家族に自信を持っていたから、そのままの家族の姿を見てほしかった。ええかっこして、嘘をついて取り繕ったりせずに、素の自分と家族を。それが嫌なら、嫌で結構。ぶっちゃけて、彼がどういう反応をするか見極めたかった。

「なんだ、こんなところは」という反応だったら、それで終わり。

だけどレスリーは、「アイ・ライク・イット！　ファンタスティック！　すばらしい。俺は、いろんな人がいるこの街が大好きだ。ぺこの説明がいいから、家族や西成にフォーリン・ラブした」と喜んでくれた。家族の中に溶け込もうとしてくれたし、うちの家族もみんな、彼のことを大好きになって、この人とならずっと一緒にやっていけるかもと、私もどんどん惚れ込んでいった。

1983年、姫路市内にある父が住職をしていたお寺で行なった仏前結婚式では、レスリーは自ら望んで坊主頭にして、その時も、坊主頭のレスリーを見た日雇い労働者のおじさんたちに絡まれていた。

・結婚式を終えたあと、しばらく西成で過ごしていた時のこと。

おじさん「ニイちゃん、なかなか男前やな。野球選手か？」

レスリー「わっかりまへーん」（と教えてあげた日本語で答える）

おじさん「刑務所帰りか？」

レスリー「わっかりまへーん」

おじさん「おまえ、わからんことないやろ。刑務所や、刑務所」（と言いながら、紙に漢字で「刑務所」と書いてレスリーに見せている）

それをかっぱ食堂の暖簾《のれん》の隙間から覗いていた兄がひと言。
満夫兄「おっさん、そんなん書いてわかるわけないやろ」
おじさん「なに言うてんねん。俺らさっきからずっと話して、全部わかってるわ！　なあ？」

・またある時には、太平洋戦争で兵隊として戦っていたらしい酔っ払いのおじさんが、外国人のレスリーを見て敵だと思い、「外人、こら待て外人」と追いかけてきた。
私「怖がったらあかん。ここで生まれたような顔しなあかんねん。おっちゃん、なんやねんて言って」
レスリー「（振り返って日本語で）おっちゃん、なんやねん」
おじさん「おまえ、ややこしい顔すんな、外人みたいな顔して。外人や思たやないか」

その話を聞いた洋一兄さんは、「レスリー、坊主頭にしといてよかったな。坊主は羽振りがきくんや。この辺で一目置かれるのは、ヤクザか刑務所帰りか野球選手か坊主やからな」と笑っていた。

兄弟の中では、歳の近い四男の洋一兄さんに、一番お世話になったと思う。洋一兄さんは、両親から大阪の守口市にあるレストランを引き継いで働きながら、家族と西成に住み、両親が亡くなってからは、私たちの親代わりとして、日本に帰るたびに泊めてくれた。新幹線のチケットを用意し、出迎えと見送りまでしてくれた。

団地の一室に、レスリーと私と、兄さんと義姉《ねえ》さんと、四人分の布団を敷いて、テレビを観ながらべらべらおしゃべりしたのも楽しかった思い出だ。

洋一兄さんは、レスリーが「お腹、空いた」と言うと、「しゃーないな、俺、ラーメン好きちゃうけど、レスリーが好きやからしゃーない」と、ラーメンを食べに連れて行ってくれて、レスリーのことを本当の弟のようにかわいがってくれた。
結婚した後も、レスリーが指輪をしていないのを見た兄さんが、「これで二人の結婚指輪を作ってくれ」と、自分のプラチナのブレスレットを彼にあげたのだけど、家ではパンツを穿くのも嫌いなレスリーは、指輪などアクセサリーをするのが嫌で、結局、指輪を作らなかった。彼はたぶん、兄さんがせっかくくれたのに悪いな、と思っていたんじゃないかな。

「俺たち、今日結婚するよ！」

「ぺこ、ぺこ、起きて！　俺たち、今日結婚するよ！」
1983年3月29日の朝、バセット・ロードのアパートで、レスリーに起こされた。

「え、今日？　結婚？」

寝ぼけ眼の私は、まだ頭が回っていなかった。

「日本の親に言わないと……」

「いやもう、ぺこのパスポートも登記所に持って行って手続きしてきた。予約の時間が決まっているから、早く行こう！　大きな式はできないけど、二人だけで結婚しよう。俺を愛してる？」

「イエス」

「俺と結婚したい？」

「イエス」

「じゃ、行こう！　早く！」

「でも指輪がないし……」

「コーンウォールであげた指輪でいい。俺はもらってもどうせしないから、なくていい」

「ドレスもない」

「あのきれいな白いコートでいい。だから、早く着替えて」

そう言うとレスリーは私に白いミンクのコートを勢いよくはおらせて、キングス・ロードに向かった。

ケンジントンのチェルシー・オールド・タウン・ホールで、私たちは結婚式を挙げた。披露宴もパーティもなく、シークレットに。レスリーは27歳、私は35歳だった。


イギリスでは、市庁舎や町役場などの役所（レジスター・オフィス）で挙式をすることができる。役所では、日本のように婚姻届を提出するだけでなく、誓いの言葉を述べる式も行なわれる。

毎週のように一緒に彼らの山荘に行っていたレスリーの友人カップルが結婚の証人となり、レスリーの一番上の兄・ロニーと二番目の兄・ブライアンも立ち会ってくれた。

式の後、会場の外に出るとカメラマンがいて、私たち二人の写真を撮ろうとするので、レスリーが「ノー、ノー、だめだ！　これはシークレットだから写真はダメ」と止めていたが、公に出すのはダメだけど、記念に１枚だけでも撮ってもらおうということになり、撮影してもらうことになった。私たちには、思い出の写真があまりなくて、撮ってもらっておいてよかったと思う。

彼はあちこちでさんざん追いかけまわされて、パチパチ撮られまくっていたから、プライベートくらい、家族くらいは写真を撮るのはやめてくれと嫌がって、実は我が家には、プライベート写真がそんなにたくさんはないのだ。

こうして私たちは１９８３年３月29日に結婚し、同じ年の夏、ＢＣＲのオリジナルメンバーとの同窓会コンサートで日本に行った際に、父のお寺でもまた、結婚式を挙げた。

坊主頭で仏前結婚式

1983年7月、父が住職をしていた岩屋寺《いわやじ》（姫路市）で、私たちは仏前結婚式を挙げることになった。

あの日はとても暑かった。こんな暑い日に、着物を着て、角隠しもかぶらなきゃいけないなんて……。でも、ちょっとの間だから我慢しようと思っていた。

レスリーは、私の家族から「大トラ（Big Tiger）」と呼ばれていた。

じゃじゃ馬娘を捕まえて結婚してくれる気骨のある相手は現れないのではないか、と心配していた両親は、「やっと大トラが出てきて、啓子を爪立てて捕まえてくれた」と喜び、彼を歓迎してくれた。

レスリーは、父と仏教をリスペクトして、「自分もお坊さんになりたい」と父に頼み、頭を剃《そ》ってもらっていた。父も、彼の気持ちが嬉しかったと思う。

結婚の誓約文は父が考えて読み上げ、「はい」「誓います」と私が言うと、それを真似《まね》して、「はい」「ちかます」と答えるレスリーの日本語がかわいくて、何度も笑いが起きた。

お寺にはクーラーがなく、扇風機のみの日本の夏。

父は立ったまま汗をだらだらかいている。レスリーがかわいそうだからと、父が彼のために借りてきた椅子にレスリーと私が座り、あとのみんなは畳に座って、うだるような暑さに耐えていた。

私の兄弟、甥っ子、甥っ子の友達、村の人たちにも、賑《にぎ》やかしで参加してもらい、記念撮影をしてから着替えた後に、食事とカラオケで盛り上がった。

カラオケは、兄たちが彼と打ち解けようと用意してくれたもので、甥っ子たちが歌い、レスリーも「イエスタディ」と「マイ・ウェイ」を歌った。

英語で歌うレスリーを初めて目の前で見た父は、驚いたのか恥ずかしくなったのか、目をぐるぐるさせていた。

母はそれまで立ちっぱなしで働いていたので、彼が歌っている間にようやく座ることができて、急いで料理を食べていたのを覚えている。

懐石料理の仕出しを頼み、母や村の人たちが配膳してくれた。

「これ、なに?」「これはどうやって食べるの?」と訊くレスリーに、私は「これは天ぷら。ここにつけて食べるの」と説明したり、魚の骨をとってあげたりした。「ああ、おいし。おいし」と、彼も全部平らげていた。


そんな結婚式の後、レスリーと私は、1か月くらいこの岩屋寺で、のんびりとした時間を過ごすことになった。

レスリーはマッサージチェアが大のお気に入りで、何回も使っていたら、父から「若いのにまだ凝ってんのか」と笑われていた。

夜になると、母と一緒にテレビを観ていた。

当時の日本では忍者ものが流行《はや》っていて、レスリーは昔の侍のストーリーがかっこいいと思っていたらしい。

特に チャンバラドラマに夢中で、息子が生まれたら十兵衛という名にしようと思うほど、彼は柳生十兵衛のファンになった。
たぶん、息子の十兵衛はこの時に授かったのだと思う。

ある時、レスリーが私の両親へ感謝の気持ちを込めて、イギリスの料理をふるまうことになった。

フランスパン、チーズとツナ缶を買いに行って、チーズツナトーストを作ってくれた。トマトとバジルを使って、得意料理のトマトソースのスパゲッティとガーリックブレッドも作り、父と母にとっては初めて食べる味のご馳走で、「こんなおいしいもの食べたことがない」「グッド、グッド」と大喜びで食べていた。

そのお礼にと、母はお酒とビールをたくさん買ってきた。

「一緒に飲むなら、お父さんの健康のために一度に全部飲むんじゃなくて、ちびちびちょっとずつ飲むんやで」とレスリーに念押しして隠しておいたのに、その日の夜の間に、隠していた分も彼と父が全部飲んでしまった。

彼は「こら、ドロボー！」と母に怒られていた。

「どろぼうやったら、どろぼうのかっこせなあかん」と、私がねじり鉢巻を鼻にかけて、「忍び足、忍び足、こうやって盗《と》んのや」とやってみせると、彼が父にもやらせようとして、「そんなん坊さんにやらすな」と大笑い。

レスリーのお父さんは、耳が聞こえず、話すことも不自由だったので、彼は父親と話ができることに憧れていて、私の父と夜通し飲みながら語り合えることがすごく嬉しかったらしい。語り合うといっても、お互いに日本語と英語しかできないのだけど、レスリーと父の間には、何か通じ合うものがあったようだ。

岩屋寺がある里山周辺を散歩したり、母と一緒に草むしりを手伝ったり、レスリーと手をつないで、ゴミ袋を一つずつ持って、坂の下まで捨てにいくのも楽しかった。帰り道のお店で、母が好きなおまんじゅうと私の好きなヤクルトを買って、縁側に座り、鯉《こい》を見ながらおやつにすることもあった。「この魚、きれいだね」とレスリーが感心すると、父が「この鯉はな、高いんやぞ。一匹100万円くらいするんや」と応える。「えー、そんな高いの。狐《きつね》に食べられたらどうするの」とレスリーがびっくりして……。

私は、あの日、岩屋寺の家（両親はお寺の御堂とは別棟の家に住んでいた）の縁側で、両親とレスリーと四人で過ごした時間が、今でも忘れられない。母がスイカを持ってきて、ハエがとまらないように後ろからうちわで扇《あお》いでくれて、開けっ放しの障子から気持ちの良い風が通り、コオロギや蟬《せみ》などの虫の声が響いていた。

レスリーも縁側が大好きで、写真を撮っておけばよかったと、よく話していた。

そういえば、レスリーは、お寺の竹林の中で、切り株に座ってボーッとするのが大好きだった。

「竹の葉が揺らいで、木漏れ日がきらきら。風が吹くと、竹がサラサラと音を立てて揺れるのがとてもリラックスできるんだ」とよく言っていた。

母から、竹林で育てていた椎茸《しいたけ》を採ってくるように頼まれて、一緒に採りに行くと、切り株に座ってボーッとしたまま、彼はいつまでも帰ろうとしない。

そのたびに、母から「何してんの！　遅いわ」と叱られていた。

お寺の裏には柚子《ゆず》の木があって、母はレスリーに柚子の実を採ってきてもらうと、大根と柚子の酢のものを作ってくれた。

そして彼は、母の作る日本の家庭料理が大好きで、イギリスに戻っても、里芋の煮物や肉じゃがを食べたがっていた。

レスリーにとって父のお寺は、静かに過ごせて、心からリラックスできる場所。私の両親のことも大好きになってくれた。

その後も日本に行くたびに、「ぺこのお父さんとお母さんに会いたい。お寺にも行きたい。西成にも行きたい」と、仕事の後は姫路のお寺に飛んで行き、お寺でゆっくりしてから、母と一緒に兄たちのいる西成で過ごすようになった。

母もそうやって、時々私たちと大阪に行くのを楽しみにしていた。

「レスリー、パチンコ行くよー」と母が誘い、レスリーは母ともよく一緒に出かけていた。串カツを食べたり、彼の大好物の豚まん10個入りを買いに行ったりして。


姫路のお寺で静かな時間を過ごしたいい思い出から、イギリスの自宅の庭に竹を植えて、将来は竹林にするのが彼の夢だった。

その竹林の中で、静かにいつまでもボーッとしていたいのだと。

第2章

大阪・西成で生きる力を育んだ

レッド・ツエッペリンのステージで、
自分がデザインした服で踊った

小学校をサボって遊び回っていた子ども時代

さて、ここからは、レスリーと出会うまで、私がどんな生き方をしてきたか、どういう経緯でイギリスに住むようになったのか、振り返ってみたい。私がレスリーとの結婚生活を続けられたのは、父と母から人として大事なことを学び、そして西成という街で、生きていく力を身につけることができたからだと感じている。

1947年、神戸市葺合区《ふきあい》の大安亭市場《おおやすていいちば》で漬物屋を営む両親のもと、私、啓子は、月岡家の六人兄妹《きょうだい》の末っ子として誕生した。兄が五人、最後に生まれた初めての女の子に、父は女らしい習い事をさせたかったらしい。

だけど、柔道や空手、ボクシングを習っていた兄たちが羨ましくて、自分も武術を習いたかった私は、お茶を習えば襖《ふすま》を足で開けるわ、お花は花瓶に投げ入れて怒られるわで、「こんなんやってられへん。男やったらよかったのに！」

というおてんば娘だった。子どもの頃から裸足《はだし》に下駄が好きで、小学校の時にはゲゲゲの鬼太郎の真似をして学校に履いて行き、先生によく怒られた。勉強が大嫌い。毎朝、「行ってきます」と学校に行くふりをし、山を駆け回って遊んでいた。

小学校をサボっていたから、今でもむずかしい漢字が読めないままだ。母も字が読めない人で、宿題するふりをしていたら、ちゃんと勉強しているものだと思っていた。

兄たちも学校をサボり、みんなで忍者の手裏剣を投げたり、鉄砲を撃ったり、山ではヘビイチゴを採って食べたり、滝に行ったり、こうもりがいる防空壕《ごう》に入ったりして、暗くなるまで遊んでいた。

母は、宿題というシステムがあることも知らなかったと思う。国語や算数の問題を訊いても、自分にはわからないと言って、よく泣いていた。

同居していた父方の祖母は、笑顔を見せたことがないような厳しい人で、息子の嫁である母にいつも命令口調で怖かった。

母があまりにかわいそうで、「おばあちゃんは、お母ちゃんに厳しすぎる」と、父に文句を言ったことがあった。

そうしたら父は、「おばあちゃんは、戦争中に子どもを一人で育てた人やから、気性がきつくなったんや。そうやないと生きていけんかった。せやからそんなふうに言うな。まあ姑《しゅうとめ》は怖いもんや」と。

父は祖母のことを尊敬して、大事にしていたと思う。

兄弟のうち、一番上の健一兄さんと五番目の勉兄さんは幼い頃に亡くなったので、私は会ったことがない。母にどうして死んだのか訊いても教えてくれなかった。悲しみが深すぎて話したくなかったのだろう。それからはもう何も訊かなかった。

のちに僧侶になる父には、昔から商売のアイデアがいっぱいあって、チャレンジする人だった。仕事は、漬物屋、パチンコ屋、米屋と、アイデアが浮かぶたびに変わり、失敗することもままあった。そのひとつのパチンコ屋も、誰もまだパチンコがどんなものか知らない時に開業したため客が来ず、やめてしまった。

私が小学生の頃には乾物屋を営んでいた。そのお店は安くておいしいものが買えると繁盛し、私も子どもながら鰹節《かつおぶし》を削る役目を任されていた。お客さんから「何グラムちょうだい」と注文を受けてから削る。「啓ちゃんが削ってくれたら香り良くておいしいわ」と好評だった。

和食に使う鰹節を売りながら、家ではハイカラな父の好みで、テーブルに座り、朝はフォークとナイフを使って、家族全員でトーストと卵を食べていた。

また、家にはテレビもお風呂もあって珍しがられた。冷蔵庫はなかったけど、父が箱の中に氷を入れて「冷蔵庫や、これで冷たいもん飲めるで」と手作りしていた。

当時の日本人はちゃぶ台でごはんを食べ、銭湯に通っていた時代。うちみたいな生活スタイルの家庭は、近所になかったと思う。

麦わら帽子とウサギのおばちゃん

小学一年生の夏。父に買ってもらった麦わら帽子をかぶって、トンボを追いかけていたら、風がふわっと吹いて、麦わら帽子が飛ばされた。その直後、キキーッガッシャーンと、すごい音がした。見ると、同じくらいの歳の女の子が、車に轢《ひ》かれて倒れていた。

その横には、ぺっちゃんこになった私の麦わら帽子。その子のランドセル、飛び散った肉片、血が見えた。即死だったと思う。

横にいた若い女の人が、「見ないほうがいい」と目を覆ってくれたけど、その日以来、私はお肉が食べられなくなった。

タンパク質を摂《と》らせようとした両親が、「卵はお肉じゃないから」と言うので食べていたけど、もし鶏になると知っていたら、たぶん卵も食べなかっただろう。

イギリスに来てからハンバーガーを食べるようになったけど、今でもそんなにたくさんは食べられない。

ウサギのおばちゃんのことは、かわいそうやなと思っていた。汚れた格好をして、重いリヤカーを引いて坂をのぼるおばちゃんを、わけもなく蔑《さげす》む人たちがいた。

だけど私は、ウサギのおばちゃんのところに行くのが好きで、リヤカーを押すのを手伝い、よく家までついて行った。最初は友達も一緒だったのだけど、親にやめろと言われて来なくなってしまい、私一人。

拾ってきたさつま芋のヘタをふかして、私に「食べて行き」と出してくれたり、拾ってきたおままごとのおもちゃを私のために用意してくれたり、お金がないのに、ウサギのためにキャベツの葉を集めて、一生懸命に生きものの世話をしたりする、心のやさしいおばちゃんだった。

私もうちの卵をお土産にあげたり、夕食のいなり寿司《ずし》を、外で食べるからと親に嘘をついて、自分の分をおばちゃんに持って行ってあげたりしていた。

中学生になって、両親が大阪の西成で食堂をやるために引っ越してからは、おばちゃんと会えなくなっていたのだけど、大人になってから一度会いに行くと、歳取ったおばちゃんが、以前と同じ匂いで迎えてくれた。

「私はもう歳で、老いぼれてなあ。私の家でお茶飲んでくれるのは、あんただけや。みんな嫌がる」

しばらく思い出話をして、「ほな帰るわな」と一回出たところで、兄に「私、ちょっと戻りたい」と言って、お寿司を買いに行ってから、またおばちゃんの家に戻った。おばちゃんが生ものを食べるかわからなかったけど、いなり寿司は好きだと知っていたから、巻き寿司といなり寿司を持って。

「なんか忘れたん？」とおばちゃん。

「ちゃうちゃう、これな、私もうイギリスに帰るから、おばちゃん食べて。もう来られへんと思うから」と渡すと、「ありがとう」と私に抱きついて、わんわん泣いていた。

もう何十年も前だから、おばちゃんももう天国かな。

親の背中を見て学んだこと

神戸で商売をしていた両親は、私が中学に上がる時に、神戸から大阪の下町、西成区に引っ越すことになり、両親が始めたかっぱ食堂の二階と三階に家族で移り住んだ。

噂《うわさ》に聞く西成は強烈で、街にすごみがあった。神戸では名の知れたおてんばで、怖いもの知らずの私も、最初の頃は外に出られなかった。

制服姿で歩いていると、通りすがりにおっぱいを触られる。隙あらばと狙うおっさんたちの前を通らないと、学校に行けない。

父に「学校行くのが怖い」と言うと、「あのな、ここに住んでる人っていう顔しとけ。堂々としとかなあかんのや」と諭された。

そのうちに、道でおっぱいを触りに来たおっさんを蹴り上げるのも上手《うま》くなり、「ジーパンのおけい」と呼ばれるようになっていた。

同じ関西弁でも、神戸と大阪、京都、和歌山など、地域によって少しずつ違う。それで最初のうちは、「こいつ、神戸弁しゃべってんでー」と、学校でバカにされて、それが嫌で大阪弁、というか西成弁の勉強をして、「ハッタリきかせたろ」と気合いを入れた。

日雇い労働者のおじさんは、道で会うとよく声をかけてきて、「ネエちゃん、かわいい顔してんな。飯場《はんば》に飯炊きにけーへんか」と誘う。

最初は意味がわからなかったけど、負けたらあかんと思い、訊き返した。

「おっちゃん、なんぼやねん」

「おまえやったらかわいいから、2000円でええわ」

「あかんあかん、そんなん安いわ」と答えて笑ってごまかしたけど、あとで聞くと、飯炊きに行く＝ベッドを共にする、という意味だったらしい。「中学生にそんなこと言うな、おっさん！」と思い、気色が悪かった。

寒い日に焚《た》き火をしてる人たちがいて、あたろうとしたら、「ネエちゃん、普通は10円やけどネエちゃんやったら5円でええわ」と言う。「お金取んの？」

「あたり前や。この焚き火はな、りんごの木箱燃やしてるんや。タダちゃうわ。朝まで寝てたら15円やで」。

ある日、女の人が食堂に入ってくるなりトイレに駆け込んで、入る時はしんどそうにしていたのに、しばらくしたらすっきりした顔で出てきて、それを見ていたお客さんが「あー、トイレでシャブうったんやな」って。

そんなところだった。

食堂をしていた両親は、弱い立場の人にやさしかった。

ヤクザが堅気になりたいから働かせてくれと頼みに来た時も、初めて会った知らない人なのに、「ほなおまえ、いっちょここで頑張れ」と、どこの馬の骨かわからない人を雇い入れていた。

刺青《いれずみ》が入っているもんは、よその町では働けない。西成でも、堅気の商売では雇ってもらえない。

そんな人に、父は「調理師になればいい。部屋、空いてるから」と、食堂の二階に住まわせ、こつこつ料理を教え、その人は調理人になった。

母に怒られた時、お詫《わ》びしますと、母と私の目の前で、その人がいきなり指を詰めたことがあった。

「このドアホが！　おまえの指なんかいらん‼」と、母がすごく怒っていたけど、もう切った後だった。

いつも食い逃げするおじさんは、毎回変装してやって来た。

最初は普通の近所のおじさん風で、メザシと卵焼きをおつまみにお酒を飲んだ後、ちょっと目を離した隙にお金を払わずにいなくなった。

次に来た時は、帽子とサングラスをかけて、「東京に住んでるもんや」と言っていた。2回目もやっぱり食い逃げして、3回目には、スカートを穿いて化粧してやって来た。胸につめたストッキングがはみ出して、すね毛もちょっと見えている。頑張って変装しているのにバレバレで面白くて、「あの人バレてないつもりなんかな。また食い逃げするんちゃう」と、調理場で母とくすくす笑っていた。

「まあちょっと様子を見てチャンスやろか」と母が言うので気を抜いている間に、やっぱりまたいなくなった。

母は、店に入ってきた客をパッと見るだけで、お金が払えるかどうかがわかると言っていた。だけど払えなそうだったとしても、追い返したりはしない。家族で賄いを食べている時に、お金のなさそうなヤクザ風な人が入ってきた時も、「ニイちゃん、おかず作りすぎたから、食べていって。こんなにあるし、捨てるのもったいないから。余ってるから食べていき」と、食べさせていた。困っている人にやさしくすることは、親の背中を見て学んだと思う。

おっちゃんたちに教えてもらったこともある。

両親が住んでいた岩屋寺の家とレスリーが好きだった竹林

モデルになった絵の展覧会で
（1979年、レスリーと知り合った頃）

この街には、世間からの落ちこぼれ、逃げてきた人、行き場を失った人、いろんな人たちがいた。

男が女を騙すのも、見てきた。

家出娘を捕まえて悪いことしようって、近づいてくる輩《やから》もいた。ヤクザのおっちゃんたちは、「啓ちゃん、家出したら気いつけや。売られるから」と注意してくれたり、私には、親切にいろんなことを教えてくれた。

西成では「ちんころし」が一番嫌われる。告げ口、ちくる、仲間を売ることは、一番やったらあかんことなんだって。

その教えが頭にあって、私は、「私がやったんちゃう、あいつがやったんや」と言ったことがない。

強くないと生きていけない。だけど一番大切なのは、仲間を裏切らないこと。

そして、人を思いやること。

私の人間性は大阪の下町、西成で鍛えられ、培われた。私だけでなく兄弟、家族みんな、西成で、生きていく力を身につけたのだと思う。

人情と人間味のある街だった。


中学では不良っぽくしてたけど、私は実は、何の経験もない処女だった。ただかっこつけてるだけだった。

踊るのが好きになったのも中学の頃からで、学校をサボってダンスホールに通っていた。

安い布を買って、自分でデザインした服を母の友人がやっている仕立て屋さんに頼んで作ってもらい、その服を着て、兄嫁のハイヒールを履き、化粧をして、年齢をごまかして行く。

男の人が声をかけてきても、自分はそんな気はない。ただ踊りたいだけだった。

そんな中学生だったから、出席日数が足りず、担任の先生からは卒業証書は出せないと言われて、もらえなかった。

それを聞いた父が、「心配すな、俺がなんとかしたる」と、大学の卒業証書をどこかで買ってきて、「そんなもん、どこで売ってるの。高校も出てないのに、なんで大学やねん」と、大笑いしたことがあった。

そんなふうに、学歴がなくても漢字が読めなくても、みんなで笑っていられる家族だった。

とはいえ、娘の将来を心配した父から「何か資格を取れ」と勧められて、美容師の学校に進んだけど、結局、長続きはしなかった。

何をしようかと考えて、「やっぱり好きな踊りを続けたい」と思うようになっていた。

実は、父は戦争から戻って以来、夢でうなされることが続いていたらしい。

神戸に住んでいた頃は、夜中に急に起き出して、だるまストーブに布団をかけて、「危ない！　見つかる！」と叫ぶことがあった。

父は憲兵隊にいたことがあって、戦地で起きたことを償うため、戦友を弔うために、僧侶になったそうだ。

戦った人たちを供養したいからと、ある日突然、「京都に修行に行く」と西成のかっぱ食堂を出て、その後、姫路市内にある岩屋寺というお寺で後継者として認められ、そこの住職になった。

岩屋寺には、300年に一度、いいお坊さんが来てくれるという言い伝えがあって、檀家《だんか》さんの一人が夢に見て、それが父だと言われたそうだ。

以前は古くてさびれたお寺だったけど、父が来てから、人もたくさん来るようになって、お寺も周りの道も、父が全部きれいにして、いいお坊さんが来てくれてよかったと、檀家の人たちにも喜ばれていた。

しばらく父と別々に暮らして食堂を切り盛りしていた母も、のちには次男夫婦に店を譲り、父のいるお寺に移り住んだ。

裸足で踊るゴーゴーガール

17歳になった私は、大阪・難波のダンスホールで、ゴーゴーガール（ディスコやダンスホールなどのステージで踊るダンサー）として働き始めた。女の子の四人組で、お揃いのミニスカートの衣装を着て、ブーツを履いて、70'sのダンスを踊る。私たちのステージを見にきてくれる人もたくさんいて、プレゼントをもらったりしていた。

そこで、芸能プロダクションのマネージャーにスカウトされて、今度は東京に行くことになった。

デビューするために上京することになったものの、自分にはアイドルなんて無理。髪の毛にリボンをつけたり、ふりふりのドレスを着たり、そういうぶりっこタイプではない。

ロックが好きで、自分でデザインしたネイティブ・アメリカンみたいな服を着て、わらじを履いていた。踊る時は裸足で、ユニークなアクロバティックなダンスが好き。変な奴《や》っちゃなっておもしろがられて、人を笑かしている自分がアイドルなんて、嫌だし無理だと思っていた。

結局、上京後まもなく、アイドルになるのをやめて、ゴーゴーガールのオーディションを受け、赤坂のクラブ「MUGEN」で働くことになった。

当時のMUGENは特別な場所で、バンドを盛り上げるためにステージの横で踊っていたのだけど、MUGENのダンサーは、アッパークラスのゴーゴーガールと呼ばれて人気があった。

初めてイギリスに行ったのは1971年、23歳の時。

その頃は銀座のナイトクラブでゴーゴーガールをしていて、お給料は、15分を3回踊って、1日1万円。チップもだいたい1万円。

当時としては高給だった。

友人七人とお金を貯《た》めてイギリス旅行を計画し、最初は3か月の予定で、2000ポンド（約172万8000円。1971年3月の1ポンド＝864円として）を両替した。

ロンドンで会員制クラブを運営

ロンドンの不動産屋に紹介された家は、街中から離れていて、危なそうな、治安のよくなさそうなエリアだったけど、西成でハッタリをきかせていた私は、どこに行っても怖くない。ロンドンでもウィークエンドになればクラブに行って、ノンアルコールのジュースを飲んで、踊っていた。

ある日、自宅に泥棒が入ってお金を全部盗られてしまい、日本人向けの会員制クラブでアルバイトをすることになった。

帰りの飛行機代が貯まれば、そろそろ日本に戻ろうかなと思っていた時、新しくオープンするビルで、お店の運営を任せたいと言われた。

そんなことはできないと一度は断わって日本に帰ったのだけど、「ぺこがイエスって言ってくれないと、ロンドンのビルをオープンできない。頼むから戻ってきて。1年だけでいいから。ビザを取るから」と頼みこまれてしまった。

そして、1年だけの約束で、またロンドンで働くことになった。

私は漢字も読めないし、運営なんて無理。日本で小さい食堂かなにかのお店をしようと思っていた。それで結婚して子ども産むからって断わったのだけど、「あんたがやってくれたら絶対うまくいく。他の人にはできない」って。

結局、自由にやらせてくれるならと始めたら、だんだん流行るようになって、ぺことしゃべりたいからと、来てくれるお客さんもいた。

「ぺこは変わってて面白くて、一緒にいて楽しい。落ち込んでいる時も、ぺこに会ったら元気になる」と褒められて、私も嬉しくなった。

自分が心がけていたのは、相手の気持ちを考えること。悩みの相談を受けたり、傷ついている人がいたら、その人の良いところを見つけて励ますようにしていた。自分では気がつかなくても、誰にだって良いところは必ずあるもの。そこを見つけて褒めてあげると、笑顔になってくれる。女の子にも、「メガネ取ってみ。かわいい目してるやん。そのほうがモテるぞ」とかね。

気分良く喜んでもらって、お店の居心地がよかったんだと思う。

約三十人いた従業員たちは、お給料が安くても、お店の雰囲気が楽しいから働いてるんだって言ってくれた。

私自身も、カンフーを習いながら、遅刻したり、自由に楽しくやらせてもらっていたから、続けられたんだと思う。

お店が流行って、1年だけのつもりが、結局、ずるずる長く続いてしまい、でも潮時だなと、そろそろ日本に帰ろうと考えていた矢先だった。

レスリーとこのお店で出会ったのは、1年の約束が8年も過ぎて、私が31歳になる年だった。

第3章

新婚生活と異変の始まり

スコットランドでの自宅で。壁にはゴールド・ディスクが飾られていた

スコットランドでレスリーの両親と新婚生活

1983年に結婚式を挙げたあと、子どもを授かった私たちは、出産の時にはレスリーの両親がそばにいてくれたほうが安心だろうと考えて、両親が住んでいたコーンウォールの家を売って、皆でスコットランドに引っ越しすることになった。

彼の両親も、スコットランドの息子たち、つまりレスリーの兄たちになかなか会えないと寂しがっていたので、ちょうどいい機会だった。

結婚の報告をする時、レスリーは両親にこう話していた。

「ぺこの育ちは、俺たちと似ているんだ。下町で、なんでも受け止めてくれるファミリーで育ったから、俺と似てるんだ。だから彼女と結婚したいって選んだんだ」

義母は、「わかった」と頷《うなず》きながらも、「いろんな女の人がレスリーと結婚したがって、中にはすごいお金持ちもいた。息子と結婚できて、おまえはラッキーだよ」と。

ロンドンで急にすることになった結婚式に、自分たちが呼ばれなかったことで、義母はたぶんショックを受けていたのだろう。

私と気が合う義父は、とても喜んでくれた。


レスリーは、日本で私の家族や大阪・西成の下町の暮らしを見て、ぺこなら大丈夫と思ったらしい。私なら、素の自分と家族をさらけ出しても恥ずかしくない、バカにされないだろう、と。

もしも相手が上品なセレブで、立派な暮らしをしていたら、自分は有名人だし、バカにされないように、カッコつけないといけない。

スコットランドに引っ越して間もない頃のこと。ちょっとお腹が空いた時に、「そうだ、あれ食べよう」と言って、レスリーがロールパンにバターを塗って、スナック菓子のチーズオニオンクリスプを中に挟み、彼の両親と私にも作ってくれた。

両親とレスリーは、そのクリスプサンドを手でぎゅうっとぺっちゃんこにして、私にもそうやって食べろと促して、ジーッと見ている。貧乏くさいものを食べていると思われないか、私の反応を見ていたらしい。言われたとおりにぺっちゃんこにしてから、パクッとかじりついて、「おいしー！　こんなおいしいもの食べたことない！」と、パクパク食べていたら、三人ともホッとした顔で、「おお、これでぺこも、マッコーエン・ファミリーだ！」と安心したようだった。

国が違えど、下町の食べ物はおいしいと思うし、レスリーが勧めてくれるものや作ってくれるものは、だいたいなんでも本当においしくて、喜んで食べていた。

とはいえ、ハギス（羊の内臓、オートミール、ハーブ、スパイスなどを羊の胃袋に詰めて煮た、スコットランドの代表的料理）だけはダメで、いくら彼に食べろと言われても、今でもずっと食べられない。

レスリーは、スコットランドでの生活にまだ慣れていなかった私のために、昼間に出かけても夕方までには帰ってきて、ローストチキンやスパゲッティなどの夕食をよく作ってくれた。

私も日本食を作りたいと思っていたのだけど、当時は日本の食材を売っているお店がなくて、現地にある食材で何か作れないかと考えた。

「そうだ、オムライスを作ろう！」

そしたら家族に大受けで、彼の両親だけでなく、兄のロニーとハリーも大好きで、兄たちが来るたびにオムライスをふるまった。

またある時、彼の両親に他の日本食も食べてもらいたくて、ロンドンまで日本の食材を買いに行き、冷奴《ひややっこ》に、キュウリとワカメの酢のもの、卵焼き、ポテトサラダ、ごはんとお味噌汁《みそしる》の夕食を作ったことがあった。

私がちょっとテーブルを離れて戻ってくると、義父が「まずい、まずい」というように、顔をしかめている。見ると、お皿の上に、ごはんと卵焼きと酢のものとポテトサラダをのせて、上からお味噌汁をかけて、全部混ぜながら食べているのだ。

「違う違う、そうやって食べるんじゃなくて、ちょっとずつ別々に食べるの」と説明しても、「そんなわけない。普通は混ぜたらおいしいのに」と。

スコットランドでは、お皿の上に、お肉とポテトや野菜を取り分けて、ソースをかけて混ぜて食べることが多いから、そうやって食べるものだと思っていたらしい。

「やっぱりオムライスがおいしいな」と、みんなは口を揃えていた。

義父は幼少期の事故で耳が聞こえなくなり、話すことも不自由だったのだけど、私とは目や仕草で、他の家族よりも意思の疎通ができた。

学校にちゃんと通っておらず、漢字も英語も読めない、もちろん手話もできない私が、義父の言いたいことを理解して、レスリーたちに、通訳してあげることも多々あった。彼は「おまえはどうしてわかるんだ?」と不思議がっていた。

手話の義父、アイルランドなまりの義母、スコットランドなまりの義兄、そして日本人の私。

コミュニケーションをとるのは大変だったけど、みんなの話を聞いて、こういうのが好きなんだな、こういうのが嫌いなんだなってわかるうちに、下手な英語で冗談を言ったりして、打ちとけていった。

向こうがクローズしていたら親しくはなれなかったけど、レスリーの両親も心を開いてくれたから、仲良くなれたのだと思う。

義母もだんだん私に遠慮しなくなり、信用してくれて、文句でも愚痴でもなんでも話せる関係になっていった。

おしゃべりしたくても義父とはできなかったから、私と話をすることがストレスの捌《は》け口になっていたのだろう。


義母は、「レスリーはカメレオンのような人だから、甘い考えでは一緒にいられないわよ。気をつけて」と私に忠告してくれたことがあった。

その時はなんのこっちゃと思っていたけど、今となってはよくわかる。

義母は、レスリーにすごく気を遣っていた。確かに、彼は気分屋で、その時の気分によって、全然違ういろんな顔を持っていた。

機嫌がいい時、楽しい時、彼はやさしい気遣いのできる人だった。欲しいと言っていたものを探してプレゼントしてくれたり、こうしたいと思っていたら、彼が気づいてやってくれたり。よく冗談を言い合って、笑いも絶えなかった。

その一方で、何気ない一言に急に怒り出したり、ネガティブに受け取ったり、自分が悪いと責められることをすごく嫌がっていた。

「そうか、俺が悪いのか。俺のせいなのか」としつこく言い続けるので、私もだんだん、彼の機嫌が悪い時の話し方に気をつけるようになった。

若くしてスターになった人だから、わがままになる素地はあっただろう。外で良い顔をしないといけないから、家では自由にさせてあげたい、と思いながらも、彼の気分に振り回されて、義母はとても気を遣っていた。

その義母の愚痴を聞いたりなど、スコットランドでの新婚生活でストレスが溜まった話を、日本の父に相談すると、

「おまえは外もんなんや。夫の家族の中に入ったら、おまえが合わせなあかん。だから、外もんが悪もんになってあたり前、という頭でかかっていけ」

と諭《さと》された。

レスリーの両親と同居するようになって、私自身が成長したと思うのは、一

人ひとりの話をよく聞いて、どんなふうに付き合えば仲良くやっていけるか、考えるようになったことだ。

日本の父は「人と付き合うには、自分のことよりも、まずは相手のことを学べ」とよく言っていた。

誰かと仲良くしたければ、その人の話をじっくり聞くことが大事、っていうことだと思う。

レスリーの父の仕事はテーラーで、義母も以前は縫い子をしていた。「私も昔から洋服が大好き。自分でデザインした服をオーダーして作ってもらっていたけど、本当は自分で縫いたかった」と言うと、義父が一緒に布を買いに行こうと誘ってくれて、服の作り方を教えてくれるようになった。「ケイコは上手だ、素質がある」と褒めてくれて、初めて一緒に作ったジャケットは、着られなくなっても捨てられない。義父との大切な思い出だ。

私たちがロンドンに移ってからも、義父母は、毎年2回、夏とクリスマスにはロンドンに来て、ホリデーを一緒に過ごしていた。

レスリーがおかしくなるまでは……。

ずいぶん後になってから、

「レスリーはまたおまえに悪いことをしてるのか？　暗い涙を流しているのか？」

と義父母に訊かれたことがあった。

スコットランドでも、レスリーと前に付き合っていた人が家に来ることがあって、その人が訪ねてくるたび、両親は嫌そうな顔をしていた。

浮気をすることもあっただろうし、両親もわかっていたと思う。

「今もそうなの？」と義母に訊かれて、「うーん、まあいつもの通りかな」とごまかそうとしたら、「それでも我慢しているなんて、こんな女は見たことがない。おまえみたいな女は二度と見つけられない。ケイコはナンバーワン、ベスト・ワイフ。息子と別れないで、ずっと一緒にいてね」と言ってくれた。

義父も「そうだ、そうだ」と頷いていた。

我慢してかわいそうに、それほど息子を愛してくれてありがとうって、思っていたんじゃないかな。


レスリーは、両親とも同じように大事に思っていたけど、彼の死後、いつも持ち歩いていたカバンの中から、私たち家族の写真と義母の形見の指輪が入ったポーチが見つかった。

彼も、母親にはやはり特別な思いがあったのだろう。

レスリーが忙しい時には、私も義母に電話したり、時々彼に黙ってお金を送ったりしていた。

義母はそのお金を使わずにしまっていて、亡くなった後、ベッドの下から見つかった紙幣が、私しかしない独特の折られ方をしていたために、「これはおまえが送ったのか」とレスリーにばれてしまった。

BCRの元マネージャーとの話し合い

1983年、ジュウベイが生まれる前に、レスリーと義父と一緒に、BCRの元マネージャーのタム・ペイトンに会いに行ったことがある。

私との結婚をタムに報告するため、そして、BCR時代の印税がどうなっているのかを確認するためだと言っていたけど、レスリーは緊張してそわそわしていた。

彼は、タムにコントロールされていた自分が、女性である私とちゃんと結婚できるんだということを、見せたかったのかもしれない。

この当時の私は、レスリーがもっと若い頃にレイプされてバイセクシャルになったことや、それを隠して悩んでいたことをまだ知らなかったのだけれど……。

レスリーは、過去のトラウマからか、タムのことを恐れて緊張していた。カンフーをやっていた私に、「何かあったら頼むぞ。一緒に来てくれ」と言うので、「大丈夫、まかせとき。心配すな」と、彼を励ましながらついて行った。

エジンバラ郊外のタムの豪邸に到着して車から降りた途端、吠《ほ》えながら襲ってきた大きな犬に、義父がお腹を噛《か》まれてしまった。

タムが大慌てで出てきて、「すまない、すまない。こんなことは初めてだ」と謝りながら、義父を抱えて家の中へ招き入れた。

義父の怪我《けが》は病院に行くほどではなかったからよかったものの、もしも妊娠中の私がお腹を噛まれていたらと想像すると、とても恐ろしかった。

義父の傷の手当をしながら、レスリーとタムとの会話を聞いていた。その頃はまだスコットランドなまりの英語に慣れておらず、すべての内容を理解できたわけではないけど、おおよそこんなことを言っていた。

レスリーが「俺たちのロイヤリティ、金はどこに消えたんだ？」と問い詰めても、タムは「知らない」と答える。

「書類があるはずだろう。契約はどうなっていたんだ」

「書類もない。あの頃は書類を交わさず仕事をしていたから、本当に知らないんだ。会計士に聞いてくれ。皆が知りたがっていることだけど、俺は本当に知らないんだ」

帰りの車の中で、レスリーは、

「あいつは、仕事もしてないくせに、贅沢《ぜいたく》な暮らしをしているじゃないか。知らないわけないだろう。大嘘つきだ！　いったい金はどこに行ったんだ！

(Where is my fucking money!)」

ともすごく怒っていた。

レスリーはこの後にも、消えた印税の行方を調べるため、再度、タムに会いに行っている。

私は、BCRのメンバーの中では、レスリーが一番強く主張して戦っていたと思う。

「自分たちがもらうべきお金は、メンバー一人あたり2000万ポンド（当時のレートで約72億円）くらいあってもおかしくない。少なくとも100万ポンド（約3億6000万円）はもらえるよう交渉しようと思う」

と、レスリーは私に話していたことがあった。

結局、お金の行方はわからないままで、その後、BCRのメンバーに支払われたのは、期待していたよりもずっと低い金額だったと聞いている。

ジュウベイ、誕生

1984年4月15日、長男のジュウベイは、レスリーが生まれたのと同じ、スコットランドのエジンバラ王立病院（Royal Infirmary of Edinburgh）で産声をあげた。

ふさふさの黒い髪、切れ長の侍みたいな目をした赤ちゃんをベビールームで見つけたレスリーは、ひと目見てわかったようだ。

「俺の息子だ！」

彼が抱っこして私のところに連れて来て、私と息子のほっぺたをくっつけてくれた。

「ジュウベイ（十兵衛）だよ」って。

他にもダイゴロウ（大五郎）とかサスケ（佐助）とか、女の子ならオツウ（お通）にするとか、レスリーは日本の時代劇によく出てくる名前ばかり考えていた。

でも、彼が日本で大ファンになったTVドラマ『柳生十兵衛』(山口崇主演／1970〜71年／フジテレビ系)の「ジュウベイ」にすると決めてからは、お腹にいる頃から「ジュウベイ、ジュウベイ」と声をかけるようになった。

「女の子だったらどうするの?」と私が訊くと、「女でもジュウベイにする」と言っていたくらい。

生まれたばかりの息子を抱っこして、ドクターや看護師さん、病院のスタッフの人たちに見せてまわり、

「この鋭い切れ長の目。サムライみたいだろう。ジュウベイっていうんだ。俺がジュウベイって呼んだらすぐにこっちを見たんだ。賢い子だ。生まれる前から呼んでいたから、ちゃんとわかったんだ」

と、彼も息子の誕生を心から喜び、病院中を自慢して歩いた。

出産の後、私はお乳がたくさん出なくて、ジュウベイはしょっちゅう泣いて

いた。ひどい時には15分しか眠れない日が2週間も続いて倒れてしまい、ドクターからは、ちゃんと食事をして睡眠をとらないと病気になってしまうと注意された。

この頃の記憶がほとんどないのは、あまりにも寝不足で辛かったからかもしれない。

でも、睡眠不足だったのは、他にも理由があった。

その頃、レスリーは毎日外に出かけて、曲を作ったり、仕事を求めて人に会ったりしていて、ようやくジュウベイが寝ついて私が休もうとすると、彼がお客さんを連れて帰って来て、ごはんの支度をしなければならない。そんなことがしばしばあって、とにかく寝ている暇がなかったのだ。

ジュウベイがだんだん大きくなって、レスリーを父と認識し、「パパ」と呼ぶようになってからは、彼も嬉しくて自覚が芽生え、より父親らしくなっていった。

「お金も命もなくなってしまうかも」

レスリーと一緒に暮らし始めた頃、彼が持っている薬の量が、種類も含めてあまりに多いことに気がついた。

眠れないからと、強い睡眠薬を飲むこともあったけど、私は「できるだけ薬は飲まないほうがいい。薬に頼っていては身体に悪い」と、飲まさないようにしていた。

ところが、スコットランドでは仕事もなく、たぶん悪い友達に誘われて、再びドラッグに手を出すようになってしまった。

最初はわからなかった。彼はずっと外に出ていて、家の中ではしなかったから。家には親もいるし、私と息子の目の前で手にするのはさすがに気が引けたのだろう。

お金がどんどんなくなっていく。減り方がひどすぎて、いったい何に使っているのかと思い始め、コカインが原因だとわかってきた。

私は、このままスコットランドにいたらダメだと思った。

このままでは、彼はすべてをドラッグにつぎこんで、身を滅ぼしてしまうかもしれない。

お金持ちではなかったけど、少しはあったはずの蓄えも底をつき、お金も命も、全部なくなってしまうかもしれない。

それに、スコットランドには彼の仕事はない。仕事はロンドンにある。私たちの友達もロンドンにいる。

だから、彼にこう言った。

「ロンドンに行こう。このままじゃあなたは死んじゃうし、私もダメになる。絶対にここを離れて、ロンドンに行かなきゃだめ！」だと。

スコットランドには3年くらいいたと思う。

1986年、彼の両親はスコットランドに残り、私たちはロンドンに引っ越すことに決めて、最初は、ケント州のフェイバーシャムというところに移り住んだ。

フェイバーシャムは、ロンドンから列車で1時間ちょっとかかる場所だけど、安くて良い家が見つかったので、まずはそこに移ってから、ロンドンの住まいを探そうと考えていた。

その家の値段が2倍になって今の家を買えたから、結果的には良かったと思う。

知り合った時から、彼はお金がないスターだと聞いていて、有名だったけど、豪邸を買えるようなお金はもともともらっていなかったらしい。

一番人気があった頃も、「週70ポンドしかもらっていなかった」とレスリーが言っていた。

フェイバーシャムに移った頃は本当にお金がなくて、経済的に一番辛い時期だったと思う。ジュウベイの服は全部日本から送ってもらったものだった。だけど、お金が残っていなかったおかげで、レスリーはドラッグをやめることができた。

彼は仕事を求め、コネを求めて、毎日1時間かけて車でロンドンに通わねばならず、スコットランドより近くなったとはいえ、まだ遠かった。

彼が行ってしまうと、私はジュウベイを連れて、自転車で買い物に行くしかない。真冬に自転車では寒いし、雪が降ったあとの凍った坂道を行くのは危ない。

レスリーもロンドンまでの往復のガソリン代が毎日かかるので、やはり、できるだけ早くロンドン市内で家を探して引っ越すことになった。

ドリルとスコップで地下室を掘る

ハックニー・ロンドン特別区は、今でこそ、若者に人気のおしゃれな街として知られているけど、当時は路上犯罪が多く、治安の悪いところだった。市内に近く、少ない予算で家が買えたし、私はそんな雰囲気の街に住むことに慣れていて、怖くはなかった。

この家の前の持ち主から、トイレも風呂場も、自分たちが25年、その前の人の分を入れて、50年も60年も使っているから、リフォームしたほうがいいと聞いていた。

全体的に古くて修理したいところもあったけど、フェイバーシャムの家より広かったし、近くには商店街もスーパーもあって便利なロケーション。ロンドン中心部へのアクセスも良く、レスリーが車に乗って行ってしまっても、バスや電車があって自分も困らないだろうと思った。

それで、とりあえずここを買って、お金を貯めて、他にいいところが買えるようになれば、また引っ越すつもりで、古くても直さずにいたのだけど、まさかその後何十年も住み続けることになるとは思っていなかった。

最初は二階・三階部分を買って、あとで一階と地下も買い足したので、結構広くて、上階に2ベッドルーム、下にも2ベッドルームとキッチンとリビング。地下室ももともと2部屋あって、それを自分たちで掘って四つの部屋に作り替えた。自分たちといっても、レスリーじゃなくて、私がバイトの人と掘ったのだけど。

地下の床は100年前の土だからガチガチで、その硬い地面をドリルとスコップで掘り起こし、出てきた土をバケツに入れて何度も地上に運んで、私の背よりも高い土の山ができた。

鼻の中も喉の奥も、全身ほこりだらけの、どろどろ。

レスリーは、「おまえは本当にすごい奴だ。頑張ってるねー」と言いながら、私の肩を揉《も》んで、「おお、筋肉すごいな」とか、「セクシーだ。ぺこのほこりまみれの姿が大好きだ」とおだてて写真を撮ったりしていた。「ごくろうさん」と言って、チャイニーズのテイクアウトを差し入れてくれたこともあった。

彼とバイトの人がいない時も、一人で掘ってバケツの土を運んでいたら、向かいの人が「まだやってるの？　一人で⁉」と驚いていたことも。

ひどすぎる箇所を少しずつ修繕しながら、なんとか暮らしてきたけど、直そうとしてはがした天井も、レスリーが「直す、直す。やる、やる」と言いながら、そのまま。何十年もそのままだった。

ロンドンに移れば仕事もまた活気を取り戻すだろうという希望は、すぐには叶わず、収入がなくて、レスリーはバンの運転手をしていたこともあった。彼がインタビューでそう答えていたと、ファンの子から聞いて、「運転手のアルバイトをしてたの？」と訊くと、「ああ、いいの。いいの」と手を横に振って、話を聞かせてくれなかった。

恥ずかしくて言わなかったのかもしれない。

私はあとで、一人で泣いた。家族を養うために、彼は頑張ってくれているんだと、切なくなった。

ＢＣＲのヒット曲は歌いたくない

スコットランドにいた頃から、ＢＣＲの同窓会コンサートで日本に行ったり、インタビューを受けたりしていたのだけど、レスリーは１９７８年末にＢＣＲを離れて以来ずっと、自分の力でもう一度ナンバーワンになりたいという思いがあって、ローラーズ時代の曲ではない、自分の歌で勝負しようとしていた。

ソロのシングル「She's A Lady」はドイツでヒットし、コンサートやテレビの仕事もあって、彼はよくドイツに行くようになっていた。この曲はヒット・チャートに長く残っていたけど、次に続くヒット曲がないように思えた頃、アメリカやオーストラリア、カナダ、ドイツ、日本のファンクラブの人たちから手紙が届くようになった。

ファンの人たちが望んでいるのは、やはり、元のメンバーでのカムバックであり、オリジナル・ボイスのレスリーが歌うＢＣＲの曲を聴きたいのだとわかってきた。

だけど、ＢＣＲにいることがレスリーにとって幸せだったかというと、そうではなかった。

元のメンバーとはうまくいかず、お互いに信頼関係が築けない間柄では、気持ちよく歌い続けることは無理だったと、彼は悲しそうに話していた。

であれば、「自分でバンドを作って歌えばいいんじゃないの」と思いついた。

「ファンの人たちは、ＢＣＲの曲を求めている。みんなが聴きたい曲、人気の曲を歌うのがいい」と。

レスリーは、BCRではなく自分の曲をという思いが強く、最初は難色を示していた。でも私は、

「まずは、ファンのみんなが聴きたい曲を歌って、コンサートに来てもらうようにしよう。ファンの喜んでいる顔を見たら、あなたも幸せでしょう？　ファンも自分も、ティーン・エイジャーに戻った気持ちになって、昔の思い出を語るような感じで歌えばいい。そうやって歌う機会が増えれば、いつかまた、自分の曲、自分が歌いたい曲も歌えるようになるよ、きっと」

と彼を説得した。

BCRの曲を彼が歌って演奏するための、新しいバンド。そのバンドのメンバーを二人で探すことになった。それが90年代の初め頃だったと思う。

バンドのメンバーは、パブに演奏を見に行って「あの子、いいんじゃない？」と見つけて、声をかけていった。

レスリーは人見知りするところがあって、初めての時にはまず私が声をかけ、テーブルに来てもらい、面白いことを言って場を和ませてから、彼が話をする。誰かに紹介してもらったり、オーディションで入ってきたり、一人ずつメンバーが増えて彼のバンドができて、ライブを行なううちに、「レスリーがBCRの曲を歌う」と評判になり、さらにライブの機会が増えて、イギリス国内をツアーするようになった。

ファンが望んでいたのは、青春時代の思い出の曲。レスリーが歌うヒット曲だった。彼はなんといっても、ボイス・オブ・BCR。ローラーズのヒット曲はすべて彼の声でレコーディングされ、みんな彼の歌を聴いていた。

ファンは、レスリーの歌を目の前で見て聴いて、ティーン・エイジャーの気持ちになれる。オリジナルにこだわり、BCRの曲を避けていた彼も、ファンが戻り、求められることを喜んでいたし、何よりも、彼自身がティーン・エイジャーになったように楽しんでいたと思う。

ところが、レスリーがベイ・シティ・ローラーズの名前を使うことについて、元メンバーのエリックが異議を唱えてきた。レスリーは、自分もエリックも、両方が名前を使うことでいいのではと思っていたけど、エリックに使うなと言われてトラブルになり、どちらがＢＣＲか、名前の使用を巡って、裁判で争うことになってしまった。

裁判ではエリック側の主張が認められたけど、レスリーも各地でライブ活動を行なっていたし、何より彼は、ボイス・オブ・ＢＣＲとして広く認知されている。そこで、少し名前を変えて名称を使うことを提案された。

レスリーのバンドは、当時使っていた「70's ベイ・シティ・ローラーズ」という名前から、１９９２年の裁判以降は、「レス・マッコーエンズ・レジェンダリー・ベイ・シティ・ローラーズ」と名称を変えて、活動することになった。

カンフーとレスリーのやきもち

武道は、本当は、子どもの頃から習いたかった。

満夫兄さんは空手、進兄さんは柔道と剣道、洋一兄さんはウエイトリフティングとボクシングをやっていた。そんな兄たちと一緒に、自分もなにか武道をやりたいとずっと願っていたのに、もっとおしとやかに、女の子らしくなれと、やらせてもらえなかった。

「私にもおちんちんがあったらええのに。そしたら兄ちゃんたちみたいに、立ちションもできるのに」と母に言うと、「大きくなったら生えてくるから、待っとき」と言われて信じていた。

そんなだから、１９７３年にロンドンのチャイナタウンの近くに住むようになって、カンフー教室を見つけた時には嬉しくて、すぐに習い始めた。

結婚して子どもが生まれ、スコットランドにいる間はお休みしたけど、再びロンドンに戻ってからは、５歳になった息子ジュウベイを連れて教室に通い始め、そのうちに先生に頼まれて、初心者クラスのコーチをするようになった。

ロンドンのチャイナタウンでは、お正月や満月の夜のお祭りで、カンフー教室の生徒たちが踊り手になって参加する獅子舞《ししまい》が披露されていた。

華やかで縁起物の獅子舞は人気で、お店の人からご祝儀をもらえることもあって、やりたい人が多かった。大抵は、獅子舞のヘッド、頭の部分をやりたがるのだけど、ジュウベイは、テール、お尻の踊りがすごくうまくて、重宝されていた。

10年くらいしてカンフーの先生が帰国したあとは、他の武道のテクニックも取り入れた、独自の武術を教える教室を開いた。息子と二人で生徒に教えるようになり、２００９年に、ジュウベイが日本で仕事をするために旅立つ日まで続けた。

レスリーが私のことを、普通の女と違うと感じていたのは、武術をするといった、男っぽいところもあったからと思う。

付き合い始めの頃に、彼よりカンフーのレッスンを優先しようとしたら、本当かどうか疑って確かめに来たことがあった。彼の誘いを断わる女は、周りにあまりいなかったのだろう。他の男とデートするのではと心配になったのと、自分がいつも一番でいたかったから、いったい誰と会うんだ、と思っていたようだ。

彼は、女友達にもやきもちを焼くような人だった。

「火曜日にデートしよう」とレスリーが言うので、「火曜は無理。カンフーのレッスンに行くから」と断わると、「そこに行きたい」と彼。「ダメ」と私。

私が通っていた火曜日のクラスは、本当は中国人しか参加できない秘技のレッスンの日だった。

中国の人は、自分の国の秘伝の技や方法や大事なことを、他の国の人には簡単に教えず、本当は中国人以外はダメだと言われていた。私の参加は特別に許されたケースだったから、イギリス人を連れて行っていいですかとは、気軽に訊けなかったのだ。

だけどレスリーは、一度言い出したら聞かない。確かめて安心したくて、「なんでだ、なんで断わるんだ」としつこい。

英語ではうまく説明できないし、もうめんどくさくなって、先生に、「彼が私のことを誤解して疑っているので、道場に連れて来ていいですか」と訊いてみることにした。先生は、「習いに来るのはダメだけど、ボーイフレンドが見学するだけならいいよ」と、あっさりＯＫしてくれた。

レスリーが来たから、彼のことを知っている他の生徒さんたちは、みんなびっくりしていたけど、レスリーも、カンフーの技がかっこよくて、びっくりしていた。

同じ日に亡くなった日本の両親のために

両親が亡くなる2週間前に、夢を見た。

二人とも悲しい顔で黒い服を着て、「早く会いに来いよー」と言いながら、手を振って遠ざかっていく。

子どもの頃、おじいさんが死ぬ前の日に、手を振って、「元気でおれよー」という夢を見たことを思い出して、すごく心配になり、朝、レスリーに夢の話をすると、「電話してみたら？」と言ってくれた。

その当時は国際電話料金が高くて、日本の両親になかなかかけられなかったのだけど、ただごとではないかもしれないと胸騒ぎがして、すぐに電話をすると、父が出た。

「大丈夫？」と訊くと、「大丈夫じゃない。母さんの具合が悪く、もう長くはもたない」と言う。「早よ来《こ》な、手遅れになるぞ」と。

そして、電話をかわった母は、「ジュウベイに会いたい」と、ただ泣くばかりだった。

母の夢は、いつか孫のジュウベイのためにごはんを作り、世話をしながらイギリスで暮らすことだった。でも、父が寺を離れられなかったから、結局、二人とも一度もイギリスに来たことがなかった。

父は、最後まで私の心配をしてくれた。

「お金の心配はしなくていい。おまえが送ってくれたお金も使わずにちゃんと置いてある。おまえと洋一には他の兄弟と比べて何もしてあげられなかったから、その分もちゃんと残してある。だから、心配しなくていいから、帰ってこい」

もういてもたってもいられず、すぐにも帰りたかった。でも、レスリーの両親が毎年クリスマス・ホリデーにうちに来て、お正月の4日まで一緒に過ごすことを楽しみにしていたから、自分は日本に帰るとは言いづらかったのだ。日本の両親には、年明けの1月5日に帰国すると伝えた。

「必ず5日には帰るから、待っとってね」と言って、電話を切った。


予定通り、スコットランドからレスリーの両親が来て、クリスマスとお正月を過ごした。そして、いよいよ日本に一時帰国する準備をしていた1989年1月4日、洋一兄さんの奥さん、義理の姉から電話がかかってきた。

「啓ちゃん、落ち着いて聞いてや。お父さんとお母さん、死んだの知ってるか」

父と母は、1月1日、同じ日に二人とも亡くなり、すでにお葬式も終わったと言うのだ。

私は絶句して、その場で泣き崩れてしまった。

翌日の飛行機で帰国し、進兄さんに、

「兄ちゃん、なんですぐ教えてくれへんかったん」と訊くと、

「今度帰ってきた時に言おうと思ってた。外国にいるし遠いし」と言う。

「親が死んだのに、すぐに連絡くれないなんて！　私もお葬式に出たかった。死に顔をひと目も見られなかった……」

私は、すごく傷ついていた。

父は、母が死んだ時に、母の手を握り、

「5つの時から学校もいかんと働いて、かわいそうなことをした。おまえが天国に行けるように、俺が導いたる。俺が連れてったるから心配すな」

と、3時間、母のためにお経をあげたそうだ。そして、弔《とむら》いをすべて終えた後、疲れたから寝ると言って、そのまま眠るように死んだのだと。

小さい頃から働きづめだった母が、ボロボロだったお寺を再建する時にも懸命に働いて経済的に支えてくれたことに、父はすごく感謝していたと思う。

僧侶の父とそうでない母は、夫婦なのに、同じお墓に一緒に入れないことになっていた。父は自分用の、つまりお坊さん用のお墓と、母用のお墓を隣同士に作って、子どもたちに負担をかけないように、生前に準備してあったのだ。同じ日に亡くなるほど仲の良かった両親を、同じお墓に入れてあげたかった。それが叶わないならば、二人が並んでいる絵か何か、記念碑のようなものがあればいいのではと考えて、以前、父に「死んだら私が銅像作ってあげるからね」と約束していたことを思い出した。その時、父は「それはありがたいのぉ」と、ちょっと嬉しそうな、はにかんだ顔で笑っていて……。

私は、その記念碑のような両親の像を自分で作ろうと思い、それまでやったこともなかったけど、イギリスに戻ってから陶芸教室に通い始めた。

両親が生きている間に帰れなかったこと、お葬式にも出られなかったことが悲しくて残念で、何かしてあげたかったのだ。

先生には、写真から立体的な作品を作るのは難しいと言われたけど、出来上がるまで両親が毎日夢に出てきて、顔を見せてくれて、父母の像を作ることができた。

色付きではっきりした夢で、母に「横顔を見せて」と言うと、ちゃんと横を向いて「きれいにしてやー」と言っていたし、父は「メガネかけといてくれ」とか「若くしてや」と言っていた。

私は時々、不思議な夢を見ることがある。レスリーが「肉じゃがが食べたい」と言った時にも、母が夢に出てきて教えてくれたことがあった。それまでうまく作れなかったのに、上手においしく出来上がって、レスリーも「おいしい。おいしい。これは、おまえのお母さんの肉じゃがだ」と、喜んで食べてくれた。

実は私は、日本に戻った時、父と母の遺灰を持って帰りたくて、兄嫁が寝ている間に取りに行き、それぞれの灰をひとつまみずつ取って袋に入れて、イギリスに持ち帰っていた。

そして、それを陶器の像の顔に入れたくて、父母それぞれの顔の中心、目の後ろあたりに、両方の骨が混ざった遺灰を少しずつ入れて、焼いた。

さらに、像を置く箱型の台と、その中に入れる、本と小さな棺と壺も作ることにした。

本というのは、夢で見た両親の話を記したもので、タイルを焼いて、つなぎ合わせて本の形を作った。

棺は、同じお墓に入れなかった二人のために、一緒に眠るようにしてあげたくて、小さな棺の中に父母の人形を入れて、作ることにしたものだった。箱の左側面には、五人の兄の顔を描いた小さな丸いタイルを作って貼り付けて、それぞれの名前を書いた。

壺の中には、父と母に「私たちを見守ってね」という願いを込めて、私とレスリーとジュウベイの髪の毛を、少しずつ切って入れることにした。

スコットランドでレスリーの両親と
初めてのファミリークリスマス

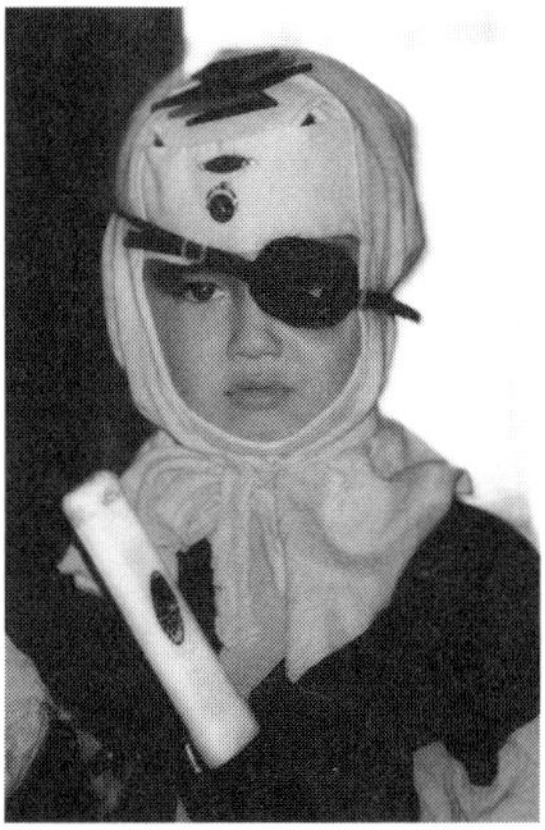

忍者姿のジュウベイ。お手製
の衣装、おもちゃの刀、ボール
紙の手裏剣で遊んでいた

エセックス・ロードにあるレスリーの自宅
の前で。ショッピングの帰りに

啓子が作った両親の胸像

まるで取り憑かれたように、一心不乱に作っている間、レスリーは何も言わず息子の面倒を見てくれた。そして、飛行機が製造される時に使われるほど強力な接着剤を特別に注文して買ってきて、「こうやって、こうやってするんだよ」と、胸像を置く箱型の台を作るのを手伝ってくれた。

先生に「両親の一周忌までにどうしても完成させて、日本に持って帰りたい」と言うと、教室の終了後にも、先生の自宅の作業場で制作を続けさせてくれた。私の熱心な姿に皆が協力してくれたおかげで、できたのだと思う。

窯で焼く前の両親の顔は悲しげで、私の悲しみが映し出されているように思っていた。

ところが、焼き上がりの日、先生から、「早く見にきたほうがいい！　すごくてびっくりするわよ！」と電話がかかってきて、急いで見に行くと、悲しげだった表情が、父も母も微笑んでいる顔に変わっていて、驚いてしまった。

「素晴らしい出来栄え！　顔が変わるなんて、不思議だわ」と、先生もびっくりしていた。

生前の母は、オシャレする暇もなく働きづめで、夢の中に出てきた時に「髪の毛きれいにしといてや」と言っていたから、きれいに出来上がって喜んでいるみたいだった。

日本に持って行くまでの間、出来上がった像の前でレスリーと二人で手を合わせて拝んでいたら、両親はもう夢に出てこなくなったけど、その間、なんとなくあったかいような感じがしていたから、見守ってくれていたのだと思う。


両親の一周忌に合わせて日本に一時帰国するため、ロンドン・ヒースロー空港に行くと、チェックイン・カウンターで、「これはなんですか?」と、私が作った陶器の像の箱を開けるように言われた。

箱が大きいし、重量もオーバーしている。

中を開けると、頭が見えて、顔が出てきたので、空港の職員さんは思わず後ずさりしていた。

「これは父母の一周忌のために作ったもので、顔には遺灰が入っていて、お墓に持って行くのです」と説明すると、カウンターの人は頭を下げて「どうぞ」と通してくれた。また、機内でもＣＡさんが「隣の座席に置いていいですよ」と言ってくれて、ありがたかった。

日本の岩屋寺では、檀家さんと親戚が大勢集まってくれて、みんな口々に「父がいた頃が一番良かった、いい時代だった」と、思い出話に花が咲いた。

父母のお墓の横に両親の陶像と箱を設置すると、檀家さんの一人が、雨ざらしにしておくのが気の毒だと、セメントで囲いと屋根を作ってくれた。

そして、その一周忌以降はみんな、お墓だけでなく、陶像にもお花を供えてお参りしてくれるようになった。

私はもちろん、レスリーとジュウベイも、日本に戻るたびに手を合わせている。

第4章
お酒と女と傷心の日々

誰にも見せないと大事にしていた一番お気に入りの写真（友人の山荘がある森で）

夫の浮気のカモフラージュ

レスリーはカサノバのように、いつも恋をしているような人だった。夫が他の女と出かけたり過ごしたりするのは、妻なら嫌に決まっている。彼が外で誰かといる時は、自分が大切にされていないと感じていた。わかっていても、長い間、私は知らないふりを続けて、そして利用されてきた。利用されるというのは、例えば、レスリーと浮気相手の旅先に、妻である私を連れて行き、現地では、レスリーは相手と一緒にどこかに消えてしまう。相手が結婚している場合、その人の配偶者への言い訳にもなるし、他の女たちに対しても、妻と一緒だから来ないでくれという理由になる。

そうやって、夫の浮気のカモフラージュにされることがあった。

彼の周りには、チャンスがあればという人たちがいつもいて、誘惑には事欠かない。若い頃からスターだった彼は、自分の周りの世界はそういうものだと思っていたかもしれない。

私自身も、彼はそういう人だから仕方がない、と諦めているところがあった。だから、どんなことがあっても我慢して、笑顔で知らないふりをし、それでいいと思うようにしていたのだ。

それでも辛くて悲しい時には、僧侶だった父の教えを思い出し、なんとか心を保とうとしていた。


父の教えとは――。

「家庭に入ったら、家族の幸せを一番に考えろ。自分が傷つくことがあっても、家族が幸せならおまえも幸せ。仏のような心でいれば傷つかない。家族を守るために、仏になれ」

自分は仏になれるような人物ではないけど、苦しい気持ちをなんとかしたいと、もがき続けていた。

騒いで波風をたてなければ、彼は幸せ。

彼がハッピーなら、自分も幸せ。

彼が傷ついたら、自分も傷つく。

それならば、二人ともハッピーになるために、自分が仏の心になればいい。

そうすれば、彼にも傷つけられないし、自分も傷つかない。

私とレスリーとジュウベイの、この家族を壊さないように、守るために、私は自分の心、傷ついた思いを押さえて、彼が幸せになる道を選び、心を静かに落ち着かせ、平安を保とうとしていた。

まるで修行僧のように。

その修行はうまくいくこともあれば、うまくいかずに残る、深い傷もあった。

こういうことはあまりにもたくさんあったし、本当は具体的なことは書きたくない。でも、全く書かないと、なぜ私がそう思うようになったか、どうしてそうなったのかがわからないし、あまりに抽象的だとイメージができないと思い、例えば……の話として書くことにする。

ブラウンのショートヘア、黒いスーツのビジネスウーマンは、初めて会った時、私を値踏みするように上から下へ視線を動かして、ふんという顔をしていた。

自信満々なメディア関係者。レスリーとは仕事上の付き合いで、うちでもよくミーティングをしていたのだけど、私が留守の間に彼女が家に来ていたことを教えてくれる人たちがいて、私は二人の関係に気づいていた。

彼の周りの女性たちは、お互いにお互いを監視し合うところがあって、自分以外の相手のことを私に教えて、気をつけろと忠告する。

ある時、海辺の町でレスリーのコンサートがあって、私とジュウベイも同行し、そこに彼女も来ていた。

レスリーがリハーサルをしている間、私とジュウベイと彼女と三人で、海辺を散歩することになった。

「あなたはどうしてレスリーと別れないの？」と彼女が突然訊くので、

「どうしてそんなこと訊くの？」と返すと、

「あの人、他の女と遊んでいるわよ」と、私もよく知っている別の相手の名前を挙げる。そして、「彼はあなたと別れるって言ってたし、早く離婚しなさいよ」と命令するのだ。

自分も関係を持っているくせに、バレていないと思ってよくそんなこと言うわと、呆《あき》れるやらおかしいやら。だけど息子の前でどう応えるべきかと迷っていると、話を聞いていたジュウベイが「そんなことしょっちゅうだよ。お母さんも僕も、もう慣れっこだ」と笑い出したので、彼女はえっという顔になった。

私も、「そんなことといちいち覚えていたら、自分の身がもたない」と言ってそこでやめようと思ったけど、ジュウベイが少し離れた場所にいる間に、彼女が「もう少し詳しく教えて」と言う。

「昔からそういうことはよくあって、例えば、家に帰ると女の子がリビングにいて紹介されて、上の部屋に行くとシーツが汚れていて二人が関係を持ったとわかった。でも、私は何も言わず、シーツを替えて洗って、しかも、遠くから来ているからその日のうちに帰れない、というその子をリビングのカウチに泊めて、翌朝には朝ごはんも作ってあげた」と話すと、

「えー、そんなことまでしたの⁉」と驚いていた。

彼女はたぶん、レスリーが奥さんに紹介しておいて浮気をするような相手は、自分だけだと思っていたのだろう。自信満々だったのに、そんなことはよくあることだと言われて、ショックを受けていたようだ。

そのあと、彼女はレスリーに、ぺこがこんなことを言っていたと報告したらしく、私は彼にすごく怒られた。

「彼女は仕事上の大事な人なのに、そんな嘘で俺を貶《おとし》めるなんて、とんでもない女だ！」と、考えつく限りの悪い言葉で罵られた。

またある時は、五人の浮気相手が鉢合わせしそうになったこともあった。

レスリーがロンドンでのコンサートにどうしても一緒に来てくれと頼むので、何か困ったことがあるのかと心配して同行することにした。ところが、その理由は、彼の相手の人たちがそのコンサートに来ることになってしまい、鉢合わせして揉め事になると困るから、私を呼んだのだとわかった。それぞれに「ぺこが来ているから」と言い訳をして、近寄らせないようにするために。

いざ会場に着いてみると、バックステージパスをもらえる人、もらえない人で、もう大変。私の分もなくて、バンドのメンバーのケビンがかわいそうに思ってくれたのか、「ぺこ、これ使って」と、自分のパスを私の首にかけてくれた。

レスリーは態度に出るし、いろんな人が忠告してくれるし、私も数々の経験から起きていることが容易に理解できるようになっていた。

ステージで歌う前にトラブルを起こしたくないという彼の気持ちもわかっていた。とにかく私は、女たちが揉めないように、それぞれとの関係を知らないふりをして、利用されても自分の気持ちを隠し、何事もなくおさまるように振る舞おうとしていた。

五人の浮気相手の中に、イベントの企画をする会社の人がいた。背の高いブロンドのロングヘアで、彼女がレスリーのステージを企画したいと連絡してきた時、彼は仕事の大きな可能性を期待していた。家族ぐるみで食事をしたこともあって、彼女は私とも友達のように接していたけど、いつも身体にピッタリしたドレスを着て、挑発的な人だと思っていた。

彼女は公演後の打ち上げパーティにも参加していた。

パーティが終わって、レスリーが他の出演者と一緒に先に席を立ち、私もしばらくして帰ったのだけど、家に着くと、デジタルカメラがないことに気がついた。レストランに電話して探してもらったが、見つからない。そのカメラは、仕事で大事に使っているものだったから、絶対に忘れないように、帰る前にわざわざテーブルや椅子の上も下も、全部チェックした。なのになかったから、私はレスリーが先に持って帰ったのだと思っていた。彼にそう言っても、ものすごい剣幕で怒り出し、「おまえは本当に役立たずでノロマのバカだ！　カメラを失《な》くしたことにも気づかないのか！」と罵《ののし》られて、ちゃんと何度も確認したと言っても信じてくれないし、口もきいてくれない。

そうしたら彼女から「カメラ、忘れてたわよ」と連絡があった。

レスリーは、「きみは素晴らしい。うちのワイフは本当に気が利かないアホの役立たずだ」と私の悪口を言って、彼女を賞賛し、感謝していた。

私は、彼女がカメラを自分のバッグの中に隠したのだと、今も思っている。レスリーにもう一度会う口実を作るために。私はテーブルの上も下も確認したし、彼女もそばで見ていたし、それ以外にも嘘をついて人のせいにする人だったから。

結局、カメラを見つけてくれた彼女は気がつく素晴らしい人で、私はカメラを忘れたことにも気づかないアホの女、ということになった。

やりきれないし、悲しくて悔しくて、「おまえら、えーかげんにせいよ」と、全部ぶちまけたくなった。

「離婚するふりをしてくれ」

レスリーと彼女たちとの関係を知った時、私はどうしたらよかっただろう……と思うことがある。

汚れたシーツを見つけた時に怒り狂って女の子を追い出して、レスリーと別れるべきだったのか。

海辺の町で「レスリーと離婚しなさいよ」と言う人に、「あんただって、私の夫と寝ているくせに厚かましい！」と逆ギレすべきだったのか。

カメラを隠した彼女に、「嘘つくな！　おまえは泥棒じゃ！　カメラも夫も!!」と責め立てればよかったのか。

レスリーも女たちも、自分の嘘を棚に上げて、私を責めることがある。何か問題があると、「ぺこがこう言ったからだ」と、私を悪者にして責任逃れをしたり、挙げ句の果てには、レスリーにひどい言い方で罵られたり……。

私はそんな自分が、つくづく嫌になってしまっていた。女たちの揉め事に巻き込まれるのは、もうまっぴらだ！

何もかも投げ出してしまいたかった。


「離婚するふりをしてくれ」と、レスリーに頼まれたこともあった。

「なにそれ、なんでふりなん、ほんとにしたらいいでしょ」と私が反発すると、彼は、「いやいや、本当にしなくていい。ふりでいいんだ。自分が離婚するっていう記事を新聞に発表するだけでいいから」と。たぶん誰かに、私と離婚しないともうサポートしないと言われたのだと思う。仕事で助けてくれる人か、誰か……。

彼はよく、「自分には、教育を受けた、パワーのある人が必要なんだ」と言っていた。

仕事を一緒にしている人だから、彼女の、彼らのサポートが必要だからと。私が教育を受けていないことと比べていたけど、レスリー自身も学歴コンプレックスを持っていたと思う。彼も15歳からバンドに参加して、ずっとミュージシャンを続けてきた、ミュージシャンしかしたことのない人だったから。

そんなことが何度も何度も、本当に何度も繰り返されて、私はもう疲れきって、彼の周りの女たちから逃げたい、離れたい、頭から消えてほしいと思うようになっていた。

いつもぐるぐると、その人たちのことばかり考えてしまう。

逃れるには、自分が消えるしかない。

でも、彼は迎えにくるかもしれない。それを待ってしまうかもしれない。

それができないようにするには、他の男を作るしかない。

たとえ自分が愛していなくても、私を愛してくれる人に、自分のすべてを捧《ささ》げて、戻れないようにする。

そうすることでしか、この苦しみから逃れられない。そんなふうに思って、彼にこう告げた。

「別れたら、私はもう二度と戻らない。どんなにおばあちゃんになっても、私には好きになってくれる人が、絶対に現れる。絶対に、見つかる。あなたと別れたら、自分が愛していなくても、その人にすべてを捧げて、もう二度とあなたの元には、戻らないから」

いざとなれば私がケツをまくることを、レスリーは知っている。「ケツをまくる」という言い方は、私が西成で育った時に覚えた言葉。覚悟を決めた時によく使っていた。

ダメだと思ったら、どんなに好きでも愛していても、別れる。

私が本気でそう言っていて、そして本当にそうするだろうと、彼にはわかっていたはずだ。

レスリーは「離婚のふりはもうしなくていい」と言い、その話はなくなった。

このままでは自分が死んでしまう

友達だと思っていた人が、レスリーと関係を持つ、というようなことが続いて人間不信になることもあった。だけど、私は最初から人を疑うような自分にはなりたくなかった。

私は父の言葉を思い出していた。

「人の悪いところを見て、自分が学べ。人に嫌なことをされても、自分はそんなことしないと、学びにすればいい」

誰かに裏切られることがあっても、自分は人を騙したり、裏切ったりはしたくない。私のことを、浮気に気づかないアホな女、騙されるほうが悪い、と言う人もいるだろうけど、気づいていても騙されるふりをしているのがわからないほうがアホなのだと思っていた。

ジュウベイが小学生の頃、私は家で泣いてばかり。

レスリーのために自分の心を犠牲にして、誰とも揉めないように、彼の幸せが自分のハッピーと思うように頑張っていたけど、深い傷がたまりすぎて、限界に来ていた。

これではいけない。

このままでは自分が死んでしまう。

もう泣くのはやめて、強くなろう！　変わろう！

そう心に決めて、腰まであった長い髪をバッサリと切り、色を染めた。髪と一緒に、これまでの暗い気持ちを切り捨てて、色を変えることで心を一新し、生まれ変わろうとした。


家に帰ってきた彼は、すごくショックを受けて頭を抱えていた。

「どうしたんだ、その髪の毛！　ビューティフル・ヘアをなぜその色にした？　俺の好きだった、長くてきれいな黒髪をなんでなんで、変えたんだー!!　考えられない、考えられない、おまえじゃない！　なんでこうなったんだ!?」

「いいえ、私はこれでいいの」

彼は、おまえの髪の毛を見るたびに嫌になると言い、私は、鏡を見るたびに嬉しいと思った。

髪を切ったのは、私にとって決意の表われ。ケツをまくったのだ。

もう振り回されない。誰にも利用されない。絶対に傷つかない。強く生きていく、というシンボル。

私はそうやって、自分を奮い立たせようとしていたのだった。

それから、友達とクラブに踊りに行くようになった。

昔はゴーゴーガールをして、あんなに踊るのが好きだったのに、結婚して子どもができてからはずっと家にいて、長い間踊っていなかった。

友達はみんな、私が泣いているのを知っていたから、行こうと連れ出してくれて、久しぶりに生き返った気持ちになった。

踊るのも友達と遊ぶのも楽しくて、それに、すごくモテた。その頃、私は40代の半ばくらい。悩んで食べなくなってから、どんどん痩せてスタイルが良くなり、若い男の子たちにもヒューヒュー言われ、声をかけられた。

そんなふうにちやほやされるのも久しぶりで、他の男たちから賞賛をもらうことで、失っていた自信と心を取り戻していった。

洋一兄さん夫婦とラーメン屋さんへ

ロンドンのソーホー地区にあるチャイナタウンで

髪の色を変えて、きれいにお化粧し、ショートパンツを穿き、おへそを出して、紐《ひも》で結ぶロングブーツを履いて、彼がいるのに、「オーケー、レスリー。シー・ユー・バイ」と言って出て行く。

自分がいるのに出かけるワイフを見たことがなかった彼は、戸惑いを隠せなかった。

「ワオ、きれいでセクシーだ。ジュウベイは？」

「ママ友が預かってくれてる」

「送っていくよ」

「ううん、いい。いらない」

「どこ行くんだ」

「踊りに行くの。友達と待ち合わせしてるから」

「友達って誰だ。誰と行くんだ」

「カンフーの連中と。とにかくバイバイ」

そんなことを私がしたことはなかったから、彼は目を丸くしていた。いったいぺこはどうしちゃったんだって思っていたのだろう。

レスリーは、「恋愛の最初は、フレッシュで楽しいぞ。おまえもやってみろ」と私に勧めたことがあった。「ボーイフレンドをつくれ。その気持ちがわかるようになれ」と。

そのことを思い出して、「レスリー、私も人生を楽しむ気持ち、わかったよ。今、すごく楽しいの」と笑顔を向けた。彼は「そうか、良かったな、楽しんで」と言いながら、心配そうに窓から見送っていた。

もちろん本気で私がそんなことをするとは、彼も私も思っていない。
彼は自分が浮気をしても、妻はダメ。
私は、彼を傷つけたくないから、そんなことはしない。愛する人に裏切られて、辛い思いをする心を知っているから。

だけど、自分が怪しいことをする人は、人もするかも、と疑うのだ。

外の世界に目を向けることで、私の顔色は明るくなり、きれいにして出かけて帰りが遅くなったり、ジュウベイを友達の家に迎えに行ってそのまま泊まったりしていたら、レスリーはだんだん心配になってきた。

ワイフが帰ってこなくて怪しいと、ずっと家にいるようになり、そのうちに、俺も一緒に行きたいと言い出して、彼も来るようになった。

クラブで私が踊り、声をかけられているのを見たレスリーは、「俺のワイフだよ」と自慢げに言ったりして、彼がそんなふうに見てくれるのを私も喜んだ。

暗い気持ちを振りきって、その場を楽しむことができたから。

それから、クラブに行く時は、友達とではなくレスリーと出かけるようになり、自分が楽しいと思うことで、彼の周りが気にならなくなっていった。

同じ頃、映画の製作会社に所属して、エキストラを演じる仕事も始めていた。

『ハリー・ポッター』に出て、主役の俳優さんともよくおしゃべりしたものだ。

お酒で人が変わったように

レスリーは、もともとそんなにお酒を飲まない人だった。

私もあまり飲めないので、出会った頃にそう言うと、俺も飲めないんだって喜んでいたくらい。

ライブの後にバンドのみんなと一緒に飲んで酔っ払い、「ああ、飲まなきゃよかった。気持ち悪い」と言うことはあったし、付き合いで1〜2杯飲むことはあっても、家にお酒を置いて、たくさん飲むという習慣はなかった。

彼は将来のことが心配で、相談できる人、助けてくれる人、サポートしてくれる人を、お酒の付き合いの中で探していたのかもしれない。

彼はまた、ナンバーワンになりたい、もっといい仕事をしたい、もっといい歌を歌いたい、と求める気持ちが強くて、精神的なプレッシャーから逃れるために、お酒を飲んで忘れたかったんだと思う。

有名人だからと何杯もご馳走されることもあり、見境がなくなるくらい飲んでしまう。そうやって、だんだん飲めるようになり、しまいには、お酒がないといられなくなってしまった。


レスリーがお酒を飲み始めたのは、ジュウベイが中学に入る前、学校を探していた頃からだった。

外に出かけて、以前は飲まなかったワインも飲むようになった。

彼を招待する人たちは必ずお酒を用意するし、ボトルをプレゼントもしてくれる。だから、飲めるようになるのは簡単だったと思う。

息子が通う中学校を探すために、「これを読んで」と資料を渡すと、「なんでそんなこと自分でしないんだ」と怒る。

私は英語が読めないし、意味がわからないから頼んでいるのに、「おまえの子どもだろ」って。

彼は、お酒を飲むとわけがわからなくなり、おかしくなってしまった。

家に帰らないことが続いたり、「そんなちっぽけな映画の仕事なんか、やめてしまえ」と文句を言ったり、私にあたるようになっていた。

家ではよくふざけてイタズラして笑いあっていたのに、その頃はそういうのをいっさい受けつけなかった。

嫌なことがあったのか、仕事がうまくいかなかったのか、すぐに怒ってキレる。お酒の影響で、目つきも顔つきも悪くなり、生活が荒れていった。

彼を家に招き入れる人たちはみんな、彼にお酒を飲ませようとする。

飲めると思ったらその家に行くだろうし、飲んだらうちに戻れなくなるし。

そして、家に帰ると外の人たちと私を比べて、不平不満を並べるので、私が悪い奥さんだとレスリーに思わせようとする女、そういう人たちがいることがわかってきた。

「ぺこは本当は、レスリーのことを愛していないのだ」とか、「愛していたら、他の女といることなど耐えられるはずがない。自分なら絶対に許さない」とか、彼に信じ込ませようとする人たち。

彼は、アホがつくほど純粋で、人の言うことを簡単に信じてしまうところがあった。

「外ではみんなちゃんとお酒を用意して気を遣ってくれるのに、家にはワインもない。他の女たちにおまえの話はできるし、みんな聞いてくれるのに、おまえには何にも話ができない。ほんとにつまらない女だ」と文句を言う。

それを聞いた時、私は開いた口が塞《ふさ》がらなかった。

何言ってるの？　外の女は浮気している女、そりゃあ、私の話できるでしょ。奥さんがいることを知ってて付き合っているんだから。私のことで愚痴も言えるだろうし、あなたの味方をしてくれるでしょ。

だけど、私は奥さんなんだから、他の女の話ができるわけがない。違う？　私が言いたかったのは、外の人たちは奥さんじゃない。結婚してることを知っていて、あなたの相手をしてるから言えるんだ。私は奥さんだから言えないんだ！　ってこと。

だけどやっぱり、もう言わなかった。

彼には言えない。彼は口答えを許さない。まるでいつも怒る準備をしているみたいで、なにか言うと、悪いほうに取り、私を罵倒するか、「そうか俺のせいか」としつこく怒り続けるから、言いたくない。

そして何より、いつも不安で将来を心配して、なんとか脱しようと、自分を助けてくれる人を求めて苦しんでいたレスリー。

そんな彼に言うことが、私にはできなかった。

当時のレスリーは、人が変わったようになってしまい、スコットランドに行っても親の家に寄ろうとしない。

毎年夏とクリスマスには、両親が自宅に来たり、私たちがスコットランドに行ったりしていたのに、それもなくなり、兄弟にも親にも会わず、家族との付き合いをしなくなってしまった。

うなされたり、いつも何かに悩んだり、仕事とかバンドのこととか、それまでもいろんなことがあったけど、あんなにひどくなったことはなかった。

義母が亡くなってからお酒の量が増えたのは、罪の意識からだと思う。親に会いに行かなかったから。

義父に続いて義母が亡くなった年には、毎日飲むようになっていた。

酔ったレスリーに悪態をつかれて、つらい気持ちがたまると、彼が寝ている間に車に乗って、ドライブしながら大きな声で叫んで泣いた。

車は誰にも邪魔されない自分だけの場所。

時には、いつもジュウベイと行っていた小さな公園でも、座って泣いた。

彼は、泣いている女が苦手。泣かれると、気分が悪いと言う。

だから、私はすぐに笑顔になるように、悲しい気持ちになってもすぐに笑って、話題を変えて、彼に大丈夫だよって言う訓練をしていた。それも修行みたいに。


でもね、ある時、彼は気がついた、おかしいってことに。

その頃に彼が付き合っていた人が相性占いをしたとかで、その人は「自分とレスリーとの相性はすごくいい。でも、ぺことレスリーとの相性は最悪でうまくいかない。ジュウベイとも良くない」という結果を見せたらしい。

その時に、彼は気がついた。まさか、それはないだろうと。

「今まで他の女たちとは、こんなに長く続いたことがない。こんなに一緒にいた相手はぺこだけ。なのに、合わないって？　それは嘘だ。自分は騙されていたんだ」って。

「ぺこが俺を愛していないとか、二人は合わないとか、あいつらの言うこと信じてた俺がアホだった。アイ・アム・フール」って。

それを言ってくれた時は天の助けかと思った。

その言葉を待っていたから。

彼の心ない態度に傷ついて落ち込んでいたけど、やっぱりうちの夫は、ちゃんとわかってくれてるんだって、希望の光が見えたように感じていた。


彼は、酔って本音を漏らすこともあった。

「ぺこ、ごめん。俺は、本当に愛している女には言えないんだ。他では簡単に言えるのに。愛してるよ。本当に愛しているのはおまえだけだ。俺は死ぬまでおまえといる。俺より先に死ぬな」と。

たぶん素面《しらふ》では言えなかったんだと思う。

そういうところがあるから、それが彼の本当の気持ちだと信じたかったし、信じていたから、私は彼のそばを離れなかったのだけど。

「どうしてお父さんと別れないんだ！」

50代の終わり頃、頭が割れるように痛くなる日が続き、ある日突然、目の奥から突き刺すような激しい痛みに襲われて、病院に担ぎ込まれた。

悩んで頭がおかしくなりそうで、眠れない日が続いていたため、ストレスが原因で発症した群発頭痛だろうと、ドクターに診断された。

それを聞いたジュウベイが、「このままではお母さんの身体がもたない。もう家を出よう。僕も一緒に行くから」と、荷物をまとめようとした。

ジュウベイは以前から、「どうしてお父さんは、お母さんの苦しみがわからないんだ。もう見ていられない。お母さんは、なぜそこまでエンジェルでいられるんだ。どうしてお父さんと別れないんだ！」と言っていて、もう限界だと思ったのだろう。

私は、長い間、自分の気持ちを出そうとしたら爆発するかもしれないと、コクーンの中に入れて噴火しないように頑張っていた。

家庭が壊れないように。

聞けば自分が傷つくから、何も聞きたくない。だけど、何を聞いても、何を知っても、山のようにどっしりとした自分になりたいとも思っていた。

私は山だと自分に言い聞かせ、息子にもそう話してきた。

山がどっしりしていたら、家は取られない。

彼が蝶《ちょう》のように、花から花へと飛びまわるのは、彼のパワーになると思い、黙って見守り、動かない。

山は、冬になれば、枯葉が落ちて雪も降る。でもそのあとは、また春が来る。

嫌なこともあれば、いいこともある、人生のように。

山が動かずにずっとそこにあれば、また花が咲き、実も実り、木も大きくなって、蝶は山に戻ってくる。

ジュウベイは、「山を動かせ。噴火しろ」と言う。

「このままだと、お母さんは神経がおかしくなる。なぜ父にぶちまけないのか」と、私を責めた。

ジュウベイも噴火寸前だったのだ。


2007年、レスリーが仕事でオーストラリアに行っている間に黙っていなくなろうと、彼の親しい人に、私とジュウベイが家を出た後、レスリーに伝言してほしいと頼んでいた。でも、その人はたぶん、私たちがいなくなる前に、まだ出国すらしていないレスリーに話してしまったのだろう。

確かめたわけじゃないけど、レスリーはわかりやすく態度に出る人だから、おそらくそうだと思う。

私がレスリーと女性たちのことを全部知っていること、私だけでなく、そんな母親を見てきたジュウベイも傷ついていること、もうこれ以上は耐えられないから二人で家を出るという伝言を、たぶん彼は聞いてしまい、「オーストラリアに一緒に来るか？」と、私を誘うようになった。

私が「行かない」と答えると、彼は「じゃあ、ジュウベイを連れて行く」と、息子を同行させてしまった。

最初はジュウベイも行かないと言っていたのだけど、幼い頃から父親との思い出が少ない息子も不憫《ふびん》だったので、父子の時間、思い出を少しでも作れたらと、一緒に行くように勧めたのだ。

家を出るのは、戻ってからでもいつでもできるから、と。

伝言を頼んだ人は、私とレスリーを別れさせたくなくて、たぶんこんな意味のことも、彼に伝えてくれたんじゃないかな、と思う。

レスリーは、ぺこがいることで守られている。
ぺこがいるから自由にできるんだ。
ぺこがいないと、他の女たちは結婚してくれと言い出す。束縛しようとする。
そうならずにすんでいるのは、ぺこのおかげなんだ、と。

この苦しみから解放してほしい

「私はあなたの鎧《よろい》になっている」という話を彼にしたこともあった。

「鎧は、外から中身の身体を守るためのもの。あなたを守るために、私は傷だらけ。今は自分の鎧をあなたに着けているけど、もうそれをとって、自分に着けようと思う。これ以上、自分のハートを傷つけられたくないから、自分に鎧を着せて、自分の心を守りたい」

彼はシリアスになることを避けて、「え、じゃあ俺はもう鎧を着ていないのか」と笑っていたけど、意味はわかっていたと思う。

私はもうあなたの尻拭いはしない。ケツをまくったら、もう鎧を外して自分を守る。あなたのカバーはしないのだ、という意味を。

彼は伝言を聞いたとか、出て行くつもりなのかとか、何も言わなかったけど、それからは、以前のように女を家に連れてきたり、私にその人たちを車で送って行けと言ったりはしなくなった。

そして私も、ジュウベイと家を出るのをやめた。

レスリーの相手の人たちは、私がいるから彼は自分と結婚できない、と思っていたかもしれないけど、それは違う。

「あなたが本当にそうしたいなら、いつでも別れてあげる」って、私はいつも彼に言っていた。

「私はいつだって、あなたが望むなら離婚する。あなたが一生この人と一緒にやっていきたいと思う人が現れたならば、いつでも私は別れてあげる。そう言われたら、安心して去ることができる」って。

だから、レスリーが私との離婚を本当に望んでいたら、そうすることができたのだ。

「この苦しみから私を解放してほしい。私を自由にして」と、泣いて彼に頼んだこともあった。

自ら命を絶とうと思ったこともある。

だけど、別れなかった。

彼は、私が傷つくたびに、別れようとするたびに、繰り返しリマインドしていた。

「俺が本当に愛しているのは、おまえだけ。俺のワイフができるのは、おまえだけだ。俺がもし別れようと言ったとしても、信じるな。それは本心じゃない。俺がおまえと一緒にいるということが、真実なんだ。俺はずっといるだろう? 俺は死ぬまでおまえと一緒にいる」

私はその言葉を信じていたし、家族を守りたかった。

私がダメになったらこの家族は終わり。だから、必死に頑張っていたのだ。

レスリーと他の女性たちのことを私に教えてくれる人は、誰もがレスリーと関係を持っていたわけではない、ということも付け加えておかねばと思う。

彼の熱心なファンで、私のことを妻としてリスペクトしてくれて、友達になれた人たちも、もちろんたくさんいる。

彼女たちには慰められ、励まされ、レスリーを応援する同志のように、同じ時代を生きてきた仲間のように感じて、とても感謝している。

第5章

レスリーの衝撃の告白

レスリーの兄ハリー（右端）との家族写真

テレビ番組でバイセクシャルを告白

2008年、レスリーはアルコール依存症のための施設に4週間ほど入所することがあった。

依存症の治療を受けながら、イギリスのドキュメンタリー番組『リハーブ(Rehab)』に出演。そこで、バイセクシュアルであることを告白したのだ。

お酒の飲み過ぎから肝臓が悪くなり、彼は「このままではクリスマスを迎えられない」とドクターに忠告されて、本当に心配な状態だった。

彼が番組に誘われて迷っていた時に、「死にたくなければ行くべきだ」と勧めたけど、まさか本当にOKするとは思わなかった。番組に出るということは、これまで表に出していなかったこと、リハビリが必要な状態だということを公表しなければならなかったから。

レスリーが行くと言った時、私は心からほっとして、「ああ、助かった」と思った。

番組の舞台は、アメリカ、カリフォルニア州にある施設。

現地のドクターの診察によると、彼の肝臓は大きく腫れて、アルコール依存によって臓器が悲鳴をあげているということだった。

治療は、アルコールを飲まないようにするとともに、なぜお酒に依存してしまうのか、その原因、心の問題を解決するためのセラピーが行なわれて、そこに家族も参加してもらいたいと、私と息子もアメリカに呼ばれ、彼の告白を聴くことになった。

「17歳の時、男の人にレイプされ、人に言えない恥ずべき経験、嫌だと思う一方で、快感を覚えていた自分に混乱していた。人に言えない、恥ずかしい、こんな自分は結婚できないと思っていたけど、ぺこに出会い、この人となら結婚できる、幸せになれるかもしれない」と。

レスリーの話を聴いた私たちは、大変なショックを受けながらも、これまで心の中に閉じ込めていたことをお互いに語り合うことで、ほっとしたような気持ちにもなっていた。

レスリーは、自分の過去を恥じて、自分自身が嫌いだったこと、そのことが原因で、息子にも良くない父親だったと話した。

そして、「僕は自分が悪いから、お父さんに嫌われているのだと思っていた」と言うジュウベイに、「息子よ、そんなことはない。おまえを愛している」と、お互いに傷ついていた胸の内を明かし、家族の愛を取り戻したいと語っていた。

バイセクシャルであることについては、「妻と息子になんとなく不可思議な行動を気持ち悪く思われたことがあったかもしれないし、いつ離婚されてもおかしくない状態だった」とレスリー。

私は、男の人が家に来たりしていたから、「もしかしてそうかな?」と思うことはあったけど、自分にとっては男も女も同じ。性別は関係ない、と思っていた。

レスリーがベッドを共にする相手は一人二人ではなく、大勢の中の彼ら、彼女らだった。

夫の浮気を良しとは思っていないけど、彼の周りにたくさんの誘惑があるのは、もう仕方がない。そのことに性別は関係なかった。

4週間の滞在で、レスリーの肝臓の肥大は小さくなって、ドクターに18歳のようねと言われるくらいに回復した。

秘密を打ち明けたことで心も解放され、また息子のジュウベイも、父親から愛されていたと知り、明るい気持ちになることができた。

私とも話をして、レスリーは、これまで胸が張り裂けそうな気持ちで妻が自分の身体を心配し、浮気や性的指向について知らないふりをして耐えてくれていたのが申し訳ない、いじらしい、と感じていたようだ。

この番組がきっかけとなって、レスリーの生活と家族の関係は、良い方向に向かっていった。

ジュウベイの反発

ジュウベイにとって、父親との楽しい思い出といえば、TV番組『リハーブ』出演と同じ年、2008年に、ドイツに行った時、家族で遊びに行ったブロムベルク山(バイエルン州)の公園にある、長い滑り台だった。リフトに乗って丘の上まで登り、滑って降りてくる。

「お父さんとたくさん話してたくさん笑って、あんなに楽しかったのは生まれて初めて。最高の僕の思い出だ」と言っていた。

子どもの頃に遊んでもらった記憶がほとんど残っておらず、ジュウベイは長い間、父親に愛されていないと感じていた。生まれてこなければよかったと、自信を持つことができずにいて、彼はずっと、父の愛を求めていた。

レスリーが出演した『リハーブ』では、息子にもセラピーが必要だと勧められて、ジュウベイもヒーリングセラピーを受けることになった。お互いに思いを語り合うことで、息子も父であるレスリーに心を開くことができたのは、本当に良かったと思う。

翌2009年、自分を変えたい、日本で仕事をしたいと思うようになったジュウベイが、「お母さんも一度ここを離れて、環境を変えたほうがいい」と提案してくれて、二人で日本に行くことになった。

ジュウベイは、子どもの頃から私と一緒に、映画のエキストラの仕事や、カンフーなどの武術をしていたので、それを生かして、アクション俳優になりたいと考えていたようだ。

日本のエージェントに入り、舞台やモデルの仕事などをしていたが、ある時、歌手としてBCRの「Saturday Night（サタデー・ナイト）」の日本語カバーを歌ってほしいというオファーが来た。

　レスリーに電話で相談すると、「俺よりうまく歌うなよ」とジョークを言いながらも、息子が自分の歌を歌ってくれることをすごく喜んでいた。それでジュウベイもその提案を受けて「サタデーナイト〜十兵衛の土曜日〜」というタイトルで歌い、配信されることになった。

　ところが、ジュウベイはハッピーではなかった。

「こんなこと本当はしたくない。自分はラップが好きなのに、自分のイメージじゃない。レスリーの息子として有名になるのも嫌だ」

　そんなふうに思っていた上に、父親より下手だと評価されて、傷ついてしまった。

　幼い頃から父親に、ＢＣＲのレスリーであること、有名人になることのマイナス面を見せられてきたジュウベイは、父のようにはなりたくない、自由にしたいと願っていた。なのに、周りに勧められて歌うことになってしまい、後悔して、それがきっかけで日本での活動をやめて、イギリスに帰国することになった。

そんなこともあったのと、レスリーへの反発心とで、「ＢＣＲの曲はもう二度と歌いたくない。聴くのも嫌だ！」と言っていたジュウベイだけど、レスリーが亡くなってからは、彼が歌うＢＣＲの曲をよく聴いて、すごくいい歌だから、お父さんのお葬式にもかけようと言い、自分でも口ずさみ、歌うようになっていた。

生きている間は、レスリーの歌を一度も褒めなかったジュウベイだけど、今は褒めてあげればよかったと後悔している。

彼は長い間ずっと、家族を悲しませることが多かったレスリーが、外では素晴らしいお父さんと思われていることに反発していたのだろう。

息子と日本に行く時に、私は、レスリーにチャンスをあげようと思っていた。一人家に残った彼がどうするか。

私たちがいない間に、レスリーが自分を見つめ直して、ぺこがいなくて大丈夫と思うなら、別れてほしいと言うなら、ＯＫ。私はこのまま別れてあげよう、と決めていたのだ。

『リハーブ』出演以降、家族の関係は良くなってはいたけど、彼の周りから人がいなくなったわけではない。一番ひどい時と比べれば良くなっても、相変わらず、レスリーが外で何をしているかはわからなかった。

ジュウベイが日本の新しい環境で気持ちを切り替えて、人生にチャレンジすることも大事だし、私にとっても、レスリーとの関係を考える時間があったほうがいい、そして、レスリーにとっても、私がいなくて大丈夫かどうか、確かめる時間があったほうがいいと思っていた。

だけどレスリーは、「いつ帰るんだ。まだか、まだか」としょっちゅう日本に電話をしてくる。半年くらい経った時には「階段から落ちて骨が折れた」とギプスの写真が送られてきたため、私は息子より一足先に帰ることにした。

来日公演、再び

日本のファンの人たちからは、以前から、「レスリーにもう一度日本に来てほしい」というメッセージがたくさん寄せられていた。

1998年にテレビ出演のため来日して以来、長い間、日本に行く機会がなかったのだけど、2013年、レスリーと彼のレジェンダリーBCR来日公演が行なわれることになり、私も同行して、15年ぶりに日本に戻ってきた。

久しぶりで嬉しくて、飛行機の中で「日本に着いたら何食べよ」「焼肉食べよ」「お寿司も食べよ」と、レスリーと二人、食べものの話ばかりしていた。

日本ではどこで何を食べてもおいしいし、何もかもが懐かしくて感激した。

そして、日本のファンの人たちに会えたことも、とても嬉しかった。翌2014年にも続けて来日したのだけど、そのあとの予定が決まらなかったために、また何年もレスリーが来ない、もう日本で会えなくなるのでは、と心配したファンから、「ぺこさん、またレスリーと来てください」というメッセージが、私のSNSに何通も送られてくるようになった。そんなに言ってくれるなら、自分たちでエージェントを探して呼んでくれるようにお願いしてみてはどうかとメッセージを返すと、「じゃあやります！」と、ファンの人たちがエージェントに提案し、口コミで人を集めて、再びレスリーのコンサートが実現することになったのだ。

2016年から2020年までの5年間、レスリーと彼のレジェンダリーBCRは毎年冬に来日し、各地でコンサートを行なうようになっていった。

コンサートは回数を重ねるごとに、来日のニュースを知ったかつてのファンが来てくれるようになり、お母さんがファンで、子どもの頃から聴いていたという若い世代のファンも増えていた。

レスリーのその前の来日を知らなかった、知ってさえいればもっと前から来たかったのに、という人たちも多勢いた。やはり日本にも、レスリーに会いたい、レスリーの歌うライブに行きたい、と思ってくれる人たちがまだまだいるのだと知って、彼も私も、勇気づけられていた。

日本での成功が伝わると、他の国からも来てほしいという声が大きくなった。レスリーのレジェンダリーBCRは、オーストラリアでもコンサートツアーをするようになり、以前からたびたび訪れていたカナダ、ドイツを含め、スペイン、アメリカなど、海外での公演やイベントが増えていった。

こうしたことはすべて、レスリーをずっと応援し続けてくれたファンのみなさんのおかげだ。

再び世界をツアーして回るなんて、そんなことができるようになって、彼は幸せだったと思う。若い時に成功したものの、一時は表舞台から消えてしまったスターだと言われたこともあったけど、彼は諦めずに、また復活した。

私は、レスリーのそういうところをリスペクトしているのだ。

日本に帰るたびに、コンサートの後は必ず、レスリーと洋一兄さんと一緒に、岩屋寺の両親のお墓にお参りしていたが、ここ数年は行けないままだった。何年も過ぎてしまって、できるだけ早いうちに、また訪れたいと思っている。

自分が楽しいことを始めよう

2013年に、私の体調が悪くなり、レスリーと病院に行ったことがあった。群発頭痛の再発も心配だったけど、肝臓の機能が悪くなっていると診断され、「この病気は神経からきていて、精神的なストレス、プレッシャーが原因です。リラックスしたほうが良い」とドクターにアドバイスされた。

レスリーは「ぺこはお酒も飲まないのに、肝臓が悪くなるなんて、そんなことあり得ない」と言っていたけど、ドクターの話を聞いて、「ああ、またぺこに、ストレスをかけているんだな」と思ったようだ。

病気になってから、私は自分の残りの人生について考え始めた。死ぬまでの時間は、私にはもうそんなにたくさん残っていない。以前は、利用されて翻弄されるばかりで、自分はまるで、まな板の上の鯉のようだと感じていた。

でも、もう振り回されるのはやめよう、自分が楽しいことを始めよう、と思ったのだ。

それから近所のテニス教室に通い始めた。先生や友達に教えてもらって上達するうちに楽しくなってきて、今では、テニスが人生の生きがい、喜びになっている。

ラケットで球をスコーンと打つと、スカーッとして、気分が晴れて、嫌なことがあっても忘れられる。リセットできる。

他の人がストレス発散のためにするオシャレや買い物が、私にとってはテニス。だからレスリーも、私からテニスを取っちゃダメってわかっていた。

実は、彼もすごくテニスが上手い。コロナ禍が始まってからは家族ですることが増えて、私が通うコートで、最後にレスリーとテニスをしたのは、彼が亡くなるひと月前のことだった。


レスリーは遊ぶことが大切で、人生は遊んで楽しまないと早く終わってしまうと考える人。そうやって目いっぱい遊びながら仕事をしてお金を稼ぐ。それができたら一番いい、それが男の憧れだと思っていた。

普通は、奥さんや彼女がいたら自由がなくなるけど、彼はできる。

それが自慢だったと思う。

それでも、「俺には自由がない。おまえがいるから自由がない」なんて文句

笑いガスで遊ぶ父と息子（2008年）

レジェンダリーBCRのメンバーと
大阪のアメリカ村へ（2013年）

啓子と息子がインストラクターをしていたロンドンの武術教室（2009年）

を言うこともあったけど、それはこっちが言いたいセリフ。

だけど、お互いにそう思って、文句を言いながらも一緒にいられるのが、夫婦なんじゃないかな。

レスリーが好きだった食べものと得意料理

結婚するまで、私は料理を作ったことがほとんどなかったのだけど、母が料理上手で食堂をしていたし、結婚してからは見よう見まねで日本のおかずを作ってみたら、レスリーは「もっと食べたい。おかわり！」と言って、私を喜ばせてくれた。

レスリーが家にいる時は、彼に野菜を食べさせたくて、飽きないようにいろんな味の野菜の惣菜《そうざい》を7品くらい作って、小皿に盛って、食卓に並べていた。

野菜のおかずだけだとすぐにお腹が減ってしまい、1時間半おきに食べる時もあって、朝に4時間、夜は3時間、多い時には、私は一日中台所に立って、料理していたこともあった。

レスリーが好んで食べていたのは、昆布豆やサバの味噌煮。佃煮《つくだに》も好きで、あるとごはんをたくさん食べてくれて、腹持ちがいいから、私も助かった。

うちではごはんとお味噌汁の日本食と、パンやパスタなどの洋食の割合が、半々くらいかな。

レスリーが食事を作ってくれることもあった。

彼の得意料理は、ローストビーフ、マッシュルームのクリームパスタ、日本の両親に作った、トマトとバジルのスパゲッティなど。

ジュウベイが「ミートボール・スパゲッティが好きだ」と言うと、コロナ禍で家にいる間に、作り方を調べて研究し、息子のためにおいしいミートボール・スパゲッティを作ってくれた。

妻として、母として、親友として

もうすでに述べてきたことだけど、レスリーは、自分が浮気しても妻はダメ、自分だけを見てほしい、という人だった。俺は外に出かけるけど、おまえはずっと家にいて、いつも俺を待っていろ、というタイプ。

浮気は自分がしているから、私もするんじゃないかと心配で、できないように管理しようとする。

私が友達に会いに行くのも嫌で、誰かと約束しようとすると、わざとその日に予定を入れて、友達と会えなくしてしまう。友人との約束を断わって、彼と出かける用意をしていると、「え、なんのこと?」と、すっぽかされたり、約束を破られたり、裏切られた気持ちになることも多かった。

彼は出かけて、私は家に取り残されて、こんなことなら友達と会えばよかった……と思ったことは、数えきれないほどある。

電話もダメ。私が電話をしていると、わざと用事を言いつけて、切らせようとする。約束を変えてばかりでは友人にも迷惑だし、レスリーにまた邪魔をされるかもしれないと思うと、もう人と約束すること自体が億劫《おっくう》になって、友達付き合いができなくなってしまった。

レスリーは、私を束縛したり、管理したりしている自覚はない。「行きたい所があれば行っていいんだよ、自由にしなさいよ」と口では言う。でも邪魔をして、結果的にできなくしてしまう。

うちでは、レスリーがすべてを管理していた。人付き合いもお金も、いろんな手続きも。

トースターとか掃除機とか、家に必要なものは惜しみなく買ってくれるけど、私とジュウベイの自由になるお金はあまり持たせてもらえない。

何かしようとすると、「ああ、俺がやっておくから」と、家のことや保険、車、電話など、生活のために必要な手続きや手配も、全部彼がやってしまう。私は英語力がないから代わりにやってもらうしかないこともあったけど、結婚前には自分でしていたことまでも、彼がする。ジュウベイのことも。

こう言うと、なんでもやってくれるやさしい夫のように思われるかもしれない。そして、実際にやさしい面もあったのだけど、独身時代は自分でできていたことまでやってもらうことで、いつの間にか私は、レスリーがいないと何もできないようになってしまった。

自分でやろうとしても、いつも面倒な問答になるから、何も言わず、黙ってしまう。

例えば、銀行の手続きや振込をしようとして「書類はどこにあるの?」と訊くと、「どうして?」「自分でやろうと思って」「ああ、いい、俺がやっておくから」と返される。それ以上訊くと、「なぜ自分でやりたいんだ」……となるのだ。

彼はすべてを管理することで、私を支配下においておきたいという気持ちがあったのだと思う。私がなんでも自分でできて、経済力があれば、もう彼に頼らなくなるし、どこかに行ってしまうかもしれなかったから。

私は彼のことが大事だから、なんやかや言いながらも、やっぱり自分よりレスリーを優先してきた。彼をリスペクトしていたから。ものすごく心配性なレスリーを、心配させちゃいけないとも思っていた。

彼が気分屋で、気が変わるのは、もう仕様がないこと。それをとやかく言っても、なにも変わらない。

「約束したやん！」と文句を言うと、「そうか、そうか、俺のせいか、俺が悪いのか！」と逆ギレされて、しつこく言い続けられるからもう嫌になって、私が折れる。

楽しみにしていたのに裏切られたら傷つくし、もう傷つかないように、最初から期待しないようになってしまったけど、それも仕方がない。

レスリーに対して心を完全には閉じないものの、心からオープンにもできない。そんな複雑な気持ちのバランスを取りながら、期待をしすぎず、当たらず障らず、なんとかやって来たのだ。

以前は、彼に何も言えなかったけど、自分の人生を楽しもうと決めてからは、私もだいぶ言えるようになってきた。

「そうか、俺が悪いのか」と言われたら、「そうよ、あんたが悪いのよ。あんたは、あんたが悪いって言うのが好きなんでしょ！」と反論したりして。

今までおとなしかった妻に、ちょっとずつ言い返されるようになって、彼もちょっとずつびっくりしていたかもしれない。

ともかく、相変わらず色々あるものの、ここ数年は、どうにかこうにか、やって来た。

そうやって、言いたいことを少しずつ言えるようになっても、私はレスリーが望むように家にいたし、彼を一番に考えて暮らしてきたのだった。

親しい友人からは、「なぜそんなことをされても許せるの？　どうしてレスリーを嫌いにならないのかわからない」と言われることがある。

たしかに私は、なにか嫌なことや悪いことをされたとしても、何も言わず、許してしまうところがあるかもしれない。でもそれは、レスリーに対してだけでなく、一度心を許して親しくなった人に対してはみな同じで、そしてそれは、父や母や兄たち、うちの家族に共通する性質だと思うのだ。

母は食堂にお金のない人が入ってきたら、「まかないが余るから食べていって。余ったらもったいないから」と、本当は余っていなくても食べさせていた。洋一兄さんは、家に友人が来るといつも貯金箱からお金がなくなるとこぼしていた。その友人が盗ったとわかっていても、「この貯金箱にな、百円玉で4万円分入ってたと思うけどないねん。どこ行ったんやろなあ。誰か教えてくれたらそいつに3万円やるねんけどなあって言ったら、そいつが、『ごめん、俺が盗ってん』て正直に言うから、3万円やってん」と笑って話す人だ。

父には「何があっても、必ずドアを、ちょっとだけ開けておいてやれ。人間はその狭い間をくぐって、良くなることもあるんや」と教えられた。

だから私も、そういうところがあるのだと思う。

本当に怒った時は、怖いけどね。


レスリーも、私の愛と他の人たちの愛は違う、愛し方が違うのだと、わかっていたと思う。

私は、自分が締めつけられるのが嫌だから、人も縛らない。

でも他の人は、締めつける人、縛ろうとする人ばかり。

「ぺこの愛は深い。妻であり、母のようであり、親友でもある。全部持っている愛だ」と、彼はよくそう言っていた。

時には妻として寄り添い、時には母のようにすべてを受け入れて許し、そし

新たなメンバーたちと結成した
レスリーのレジェンダリーBCR（2003年）

東京、大阪、名古屋、福岡で行なわれた
最後の来日コンサート（2020年）

て、時には彼のことを一番に考える親友として、私は、彼を守ってあげたいとも思っていた。

刀と鞘

彼の浮気性を知る人から、「なんであんな奴と一緒にいるんだ?」と訊かれた時には、刀と鞘《さや》の話をすることもあった。

「彼は刀で、私は鞘。刀は外で戦って、いつも鞘に戻ってくる。男はハンターで、死ぬまでハンティングをする。レスリーも外でハンティングするけど、戦った後は、いつも私のところに帰ってくる」

そう答えると、みな「おおー」と言って、それ以上はもう訊かなかった。

この刀と鞘の話も、父に教えられたものだ。

「結婚生活にはつらい嵐も来るだろうが、嵐の後は、花が咲く日も来るだろう。

おまえの母が父を支えてくれたように、啓子も夫を支えなさい。ふわふわと、どこにでも行ってしまう風船のような啓子には、レスリーしかいない。おまえは、レスリーの鞘になりなさい」

父に言われ、意味を考えて、気がついた。

そうか、刀は外で戦っても、必ず鞘に戻ってくる。

レスリーが刀で、私はいつも待っている腰の鞘。

だけど鞘が強く、しっかりしていないとダメなんだ。

鞘が弱くて壊れたら、刀は帰るところがなくなってしまう。

鞘は、マイホーム。戦ったあとに戻って休む場所。

レスリーは、「家にいる時が一番解放されて、リラックスできる。我が家は心休まる場所なんだ」と言っていた。外ではいい顔をしてないといけないけど、家ではありのままに、すべてを受け入れて許してくれる妻がいて、俺が気を遣わなくていい場所は、家だけなんだ、と。

アルコール依存症の人が完治するのは、難しいそうだ。『リハーブ』での治療を受けて、レスリーの状態は良くなってはいたけど、お酒をゼロに、飲まさないようにするのはとても難しい。お酒を買わないように注意すると、隠れて買いに行き、家の中でも隠すようになってしまう。

ある日、思いあまったジュウベイがレスリーを諭した。

「お父さんも何かやりたいことを見つけろよ。お母さんみたいにテニスやったりすればいい。やることがないから、お酒ばかり飲んでしまうんだ。車が好きなら、例えば、古い車を買ってきて、修理して動くようにしてみるとか。僕も好きだから一緒にやってもいい。お酒をやめて、朝早く起きて、何かやりたいことを見つけなきゃダメだ！」

レスリーは息子に言った。

「俺は外で仕事をしているから、頼むから、家にいる時くらいは、このまま自由にさせてくれ。家でしかできないんだ。家ではお城のお殿様でいさせてくれ」

酔っ払って庭で寝転んでいた時には、野良の狐に噛まれちゃうんじゃないかと心配で、ジュウベイと部屋に上げようとしたけど、重くて断念した。ジュウベイが、「お母さん、このまま寝かせておこう」と言って、トタンを持ってきて、雨が降っても大丈夫なように屋根を作り、下に毛布を敷いて、上にもかけて、そのまま庭にレスリーを寝かせていた。

だけどやっぱり心配で、私もレスリーの横に寝ていたら、そのうちに起き上がって、階段で服を一枚ずつ脱ぎだしたレスリーを、ジュウベイに担いでもらって引き上げて、ベッドに寝かせて……。

そんなことがしょっちゅうあった。

飲まずにしばらく過ごせる時もあれば、つらいことがあると、部屋にこもってお酒ばかりに戻ってしまうこともあるし、飲んでいる間は、何も食べずに吐くまで飲んでしまう。

それでも、彼は、コンサートのツアーが始まると、声の調子を整えるために飲むのをやめるので、ツアーの間は体調が良くなって、終わったら、飲み始めてまた悪くなって、その繰り返しだった。

終章

遺された私とジュウベイのために

大好きな竹に包まれたマイクロフォン骨壷の祭壇を自宅に設けた

何かあったらお父さんが守ってくれる

ここまで読んでくれた読者の中には、レスリーに失望した人がいるかもしれない。

彼はこんな人だったのかと、がっかりさせてしまったかもしれない。

だけど、わかってほしい。

妻として38年間も連れ添い、そして、彼を愛し続けてこられたのは、悪いところを払拭するだけの良いところも、レスリーにはたくさんあったから。

もう無理、別れると決めても、彼には私の気持ちを変えるだけの愛とパワーがあった。

レスリーが愛を示してくれたから、私もそれに応えて、離れないでいたのだ。

良いところがないと、一緒にはいられない。

彼は、いざとなったら家族を守ってくれる人だった。

私たちに何かトラブルや問題が起きた時には、心から心配して、火の粉を振り払うように、全力で妻子を守ろうとしてくれた。

息子のジュウベイが中学生の時に、バス停で三人組の不良に叩《たた》かれて、バスの定期を奪われたことがあった。

怒りと悔しさとで、真っ赤な顔で家に帰ってきたジュウベイに、理由を聞くや否や、レスリーは「取り返しに行こう」とすぐに飛び出して、不良を探しに行った。

バス停の近くで一人を見つけると、レスリーが車を停めている間にジュウベイがその子に摑みかかってボコボコにしてしまった。

怪我をした子の親に訴えられて裁判になったのだけど、そもそもジュウベイが最初の被害者なのに、国選弁護人がなぜかちゃんと弁護をしてくれない。裁判が長引きそうになって心配したレスリーが、知り合いの弁護士に依頼すると、その日のうちに解決して終わった。

この時に思った。彼はやっぱり、いざとなったら頼もしいお父さん。かっこよく、父親としてさっと動いてくれるんだ、と。

私は、彼にはサバイバル能力があると思っていた。いざという時は、ちゃんと家族を守ってくれる。

お金に困ったとしても、私たちが食うに困るようなことには、一度もならなかった。

何かあったら、お父さんが守ってくれる。助けてくれる。

傷ついた自分の心を守るために、半分は鎧で隠しながらも、そう思えるだけの信頼関係が、私たちにはあったと思う。

お酒をやめられなくても、浮気者でも、心配性で疑い深くてわがままで気分屋でも、私は彼を愛さずにはいられない。

素顔の彼は、いざとなったらかっこよく、面白くて、お茶目で、かわいくて、子どものように純粋な人。

庭のかぼちゃ畑は、レスリーが植えたものだ。日本のかぼちゃが好きだという私のために作ってくれた。私が好きなひまわりや、もみじも植えてくれた。そんなやさしい気遣いもある人だった。

息子に対して父親らしくない言動をすることもあったけど、死ぬ前にはジュウベイとお互いに心を開き、これから父子で一緒に仕事を始めようと希望を持っていた。

「お父さんには、僕のことを自慢できるようになるまで生きていてほしかった。やっと打ち解けて、家族の絆を感じられるようになって、絆はもっと強くできたのに死んでしまって、悔しくてしょうがない。

お父さんが約束していたのに果たせなかったこと、家を修繕して人生を楽しむっていうことを、僕がお母さんにしてあげる」

そう言ってくれるジュウベイは、私たちの自慢の息子だ。
天国のレスリーも、きっとそう思っているだろう。

自分が死んだ時の準備をしていた

生前から「この家で、ぺことジュウベイのそばで死にたい」と口にしていたレスリー。

彼の望んだとおり、いつものように元の鞘に収まって、最期の眠りについた。

私が最後に見たレスリーは、私がテニスに出かけるのを見送ってくれた姿。出かける前にキスはしても、ぎゅうっと強くハグをするというのは、いつもはしないことだった。

あの時の彼の目。なんとも言えない顔で私を見つめていた。

あの時のレスリーを思い出すと、胸がぎゅうっと苦しくなってしまう。

彼は死を予感していたのか、私に何か言いたかったのか。

レスリーの遺体が帰ってくるのを待つ1か月以上の間、私とジュウベイは毎日泣いて、眠れない日々を過ごしていた。これからどうしようと、不安で仕方がなかった。

そんな時に、レスリーが自分の死後のために準備してくれていたものが次々と見つかり、そして、私たちにすべてを遺《のこ》そうとしてくれていたこともわかってきた。

「俺が死んだら愛を証明するから、俺の愛がわかるだろう」と言っていたレスリー。

彼は私たちのことを考えてくれていた。

私とジュウベイが困らないように、ちゃんと生活を続けていけるように、これまで懸命に働いて、準備してくれていたのだと、そして、こうやって愛を証明しようとしてくれたのだと思うと、また涙が溢れてくる。

「俺にとっては、ぺことジュウベイが、この家族が、一番大切で守りたいもの。俺たちは、強い絆で結ばれているんだ」

レスリーは自分の本当の気持ちを伝えたかったのだと思う。

大事なのは、最後まで私たちと一緒だったということ

2020年の終わり頃、レスリーは、私を彼の友人夫婦のところに連れて行き、「もし自分に何かあった時には、この二人が助けてくれるから連絡するように」と言うことがあった。

レスリーの死後に必要な手続きや、お葬式の手配など、彼らには本当にお世話になって、とても感謝している。

これまで何かの手続きは、すべてレスリーがやっていたから、私もジュウベ

イも赤子のようにできなくて、自分が死んだら私たちが困ることを、彼もわかって心配していたのだ。

葬儀のあとは、さらにたくさんの人たちに相談にのってもらい、みなさんの助けがなければ、自分たちだけでは、乗り切ることができなかったと思う。

二階のレスリーの部屋に机があって、

「何かあったら机の下に隠してあるファイルを見ろ」

と彼に言われていた。

死後、そのファイルを探して中を見ると、婚姻証明書や出生証明書など、死亡時に必要な書類が揃《そろ》えてあった。私たちが簡単に手続きできるように用意してくれていたのだ。

彼は、やはり死ぬことがわかっていたとしか思えない。

だけど、遺言書を書かなくちゃと言いながら、まだ書いていなかったから、まさかこんなに早くとは、思っていなかったのだろう。

レスリーはいつも「歌う時はお酒をやめられる。歌うのをやめたら、俺はすぐに死んじゃうだろう」と言っていた。

2021年の7月から、ようやくイギリス国内ツアーが始まることになり、チケットが発売されて、ああ、これでまた良くなってくれると期待していたのに……。

彼は、またライブで歌えることを楽しみにしていた。

「だけど、ずっとは続けられない。もう身体がもたない」

そう言って、リタイアしたら何をする、という話を家族とすることもあった。

「引退したら、誰もいないところに行って、家族だけで暮らそう」とレスリー。

「それじゃ、ジャングルに行こう。山にも行こう」「木を切って、小屋を作ろう」「ジャングルや山に行ったら、お酒もタバコも売ってないから、お父さん

ロンドンの自宅の庭には、大好きな竹と紅葉の木を植えていた

コンサートツアーの時に、レスリーがいつも財布に入れていた写真

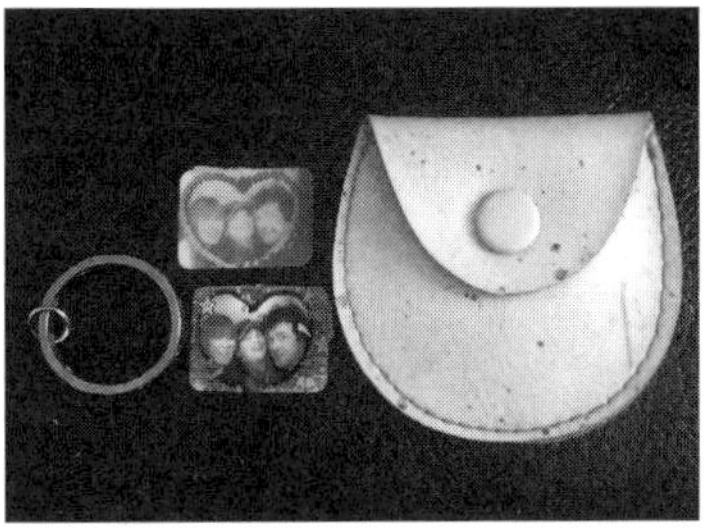

最後の日々、レスリー愛用のリュックに入っていたポーチには、義母の形見の指輪と家族のプリクラが・・・・・

健康になるね」とジュウベイ。

「ああ、でもそんなところに行ったら、大好きな買い物ができなくて、サバイブできないかもね」と私が言うと、レスリーも笑っていた。

なのに、亡くなる前には、死んだ時にはどうしてほしいかという話をよくするようになって……。

「死んだら燃やして灰にして、壺に入れて家に持って帰って、抱きしめてほしい。おまえが死んだら、俺と同じところに来てくれ。待ってるから」

お墓をどうするという話になると、ずっと前に、「私は日本の姫路の両親が眠る寺のお墓に入りたいから、あなたとお墓は別々に」と私が言っていたのを思い出して、彼は寂しそうな顔をしていた。

レスリーはスコットランドの両親のお墓に入るものだと思っていたのだけど、「やっぱりぺこと一緒に入りたい。俺も一緒に日本のお墓に入れてくれ」と言い出したので、「ああ、この人は本当に、私と一緒に入りたいんだな」と私も思うようになった。

私は山になりたい、という話を以前レスリーにもしたことがあって、その時、彼は「おまえが山なら、俺はその土で育つ木だ。木は山の土に支えられて大きくなるから」と言っていた。

樹木葬の話を人から聞いた時には、私の話を思い出して、樹木葬もいいねと、「灰は木の養分になって育つし、木は四季折々のいろんな姿になって、歌えるから。木を抱きしめてくれたら、俺は歌う。風の歌が俺の歌。風が吹いて葉っぱが揺れたら、それは俺の言葉だ。おまえは土になって、また俺を支えなきゃいけないな」

と微笑んでいた。

でも、ジュウベイには、「俺が死んだらロケットで宇宙に打ち上げてくれ」とか、「燃やして灰を海にまいてくれ」とか、冗談のように話していたこともあったけど、「ぺこが死んでから、ぺこと同じ壺に入れてほしい」と言っていたそうだ。

彼が望んだのは、自分が死んだら私たちのそばに置いて、抱きしめて、お墓はゆっくり探して、ゆっくり埋めてくれということだと、今は思っている。

大事なのは、彼が最後まで私たちと一緒だったということ。

誰が何と言おうと、それが大事。それが事実。

そして、それが真実なのだと思う。

おわりに

この本は、レスリーが亡くなる2年前の２０１９年から、友人で作家の海埜《うみの》真《まこと》さんに、自分自身の、そしてレスリーとの思い出話をまとめてもらったものだ。

真さんはこんなふうに言っていた。

「ペコさんの話を聞いていると、レスリーはね、かわいい人よ、許してあげて。かわいそうな人よ、やさしくしてあげて、と言われている気がする」と。

私は、レスリーと生きてきたことを後悔したことはない。

こんなに愛する、愛し合うことができる相手とめぐり逢えて「ハウ・ラッキー」と思っている。

彼も私にとっては、夫であり、父のようであり、子のようであり、友人であり、苦楽を共にした同志であり、そして、人生のすべてだった。

彼とのことを覚えているうちに、書き留めておきたかった。

中には、思い出したくないこともあった。

つらいこと、苦しみ、忘れたいこともあったけど、その一方で、楽しかったこと、面白いエピソードも山ほどあって、私の人生は、彼のおかげで輝いていた。

亡くなる少し前に、自分の人生の本を書きたいと打ち明けると、レスリーは、「その本では、俺は悪い奴か？」とおどけながらも、「おまえの好きなように書いていいよ」と私を信頼して、励ましてくれた。

私たちが、悩みながらも、お互いに最後まで愛し合っていたことを、私は書くことで覚えていたいし、みなさんにも知ってもらいたい。

レスリーは今、苦しみから解き放たれて、ピースだと思う。

自分の人生も残り少なくなり、息子のジュウベイがこれからの人生をしっかり歩んでいけると安心するまでは頑張るけど、命が尽きたらすぐに、彼の元に走っていきたい。

レスリーと私たち家族を支えてくれたすべての人たちに、すべてのファンに、
感謝をこめて。
みなさん、ありがとうございました。

<おことわり>
本文中に、現在からみれば、不当、不適切と思われる表現がありますが、著者に差別的意図のないこと、当時の時代背景等を鑑み、あえてそのまま掲載しました。　——編集部

◎インタビュー&構成／海《うみ》埜《の》 真《まこと》

◎ブックデザイン／杉本欣右（SimpleMinds）

◎校正／玄冬書林

◎企画プロデュース／西澤 潤（ペントボイス）
◎編集／小川昭芳（小学館）、西澤 潤（ペントボイス）

ケイコ・マッコーエン

(Keiko McKeown)

旧姓名は月岡啓子。1947年、兵庫県神戸市生まれ。神戸市立雲中小学校卒業。中学校は卒業証書をもらえず。大阪の美容学校を卒業ののち、ゴーゴーガールとなる。1971年、イギリスに渡り、1983年、元ベイ・シティ・ローラーズのレスリー・マッコーエンと結婚し、翌年、一人息子のジュウベイ（十兵衛）が生まれる。「ぺこ」という愛称で親しまれているが、そろそろ本名の「啓子」に戻りたいと思っている。

愛しのレスリー
「ベイ・シティ・ローラーズ」日本人妻の愛と葛藤の42年

二〇二一年十月三十日　初版第一刷発行

著　者　ケイコ・マッコーエン
発行者　飯田昌宏
発行所　株式会社小学館
〒一〇一-八〇〇一　東京都千代田区一ツ橋二-三-一
編集　〇三-三二三〇-五一一七　販売　〇三-五二八一-三五五五
DTP　株式会社昭和ブライト
印刷所　萩原印刷株式会社
製本所　株式会社若林製本工場

 ISBN 978-4-09-388836-3